장사상륙작전

장사상륙작전

초판 1쇄 인쇄 | 2025년 09월 05일
초판 1쇄 발행 | 2025년 09월 10일

글쓴이 | 임성채
펴낸이 | 최종인

기 획 | 장사상륙작전 기념사업회
편 집 | 이목디자인
진 행 | 최기백
인 쇄 | (주)창영 프로세스

펴낸곳 | 도서출판 보청
등록일자 | 2019년 12월 5일
등록번호 | 763-99-00838
주 소 | 서울시 중구 을지로14길 15, 장양빌딩 305호
전 화 | 02-711-5448, 010-3669-8801
전 화 | 02-2272-5448
E-mail | wolcheon46@naver.com

ISBN 979-11-968959-2-1

* 이 책의 내용을 전재하거나 복제할 경우 글쓴이와 펴낸곳의 서면 동의를 반드시 받아야 합니다.
* 잘못된 책은 구입하신 서점이나 본사에서 교환해 드립니다.
* 정가는 표지에 게제되어 있습니다.

장사상륙작전

글쓴이 임 성 채

장사상륙작전 기념사업회

| 글쓴이의 말 |

장사상륙작전에 참전한 모든 분께
이 책을 바친다

    2025년 올여름은 유난히도 더웠다. 6·25전쟁이 일어나고 75년의 세월이 흘렀다. 18살의 학도병이 전쟁에 참전했다면 올해 나이 93세가 된다. 참전자 중 생존하신 분이 이젠 극소수다.

    8·15 광복절과 더위가 지나가면 매년 치르지는 거창한 행사가 있다. 인천상륙작전 전승기념행사이다. 이 행사를 치를 때마다 마음이 편치 않은 사람들이 있다. 장사상륙작전 참전용사들이다. 세기적 인천상륙작전의 명성에 가려져 장사상륙작전이 제대로 평가를 못 받고 있기 때문이다.

    필자가 장사상륙작전에 관심을 두기 시작한 것은 해군본부의 군사편찬과장 직책을 맡은 2010년부터였다. 2019년까지 10년간 복무하면서 『작전경과보고서』, 『해군사』, 『해군사관학교 50년사』 등 역사서에 수록된 장사상륙작전 내용을 자주 접했다. 이때마다 느낀 것은 상륙작전이 해군작전임에도 왜 육군본부의 작전명령으로 집행되었으며, 그 전공(戰功)이 컸음에도 현양이 제대로 이루어지지 않았는지가 궁금했다.

2012년 6월 25일, PC-701함(백두산) 갑판사관을 역임한 최영섭 예비역 대령으로부터 전화가 걸려왔다.

"군사편찬과장, 장사상륙작전 때 LST 문산호 선원 11명이 전사했는데, 그 명단을 찾을 수 있는가? 내가 살아 있는 동안 그분들의 전공을 알리고 싶네. 여수 철수작전 때 우리 배하고 같이 작전을 했는데, 그때 선장과 선원들의 애국심과 충성심을 보면서 크게 감동했어. 현양하려면 먼저 전사자 명단부터 알아내야 할 거야. 부탁하네."

이때부터 국회도서관, 군사편찬연구소, 육군군사연구소, 해군역사단 그리고 미 해군역사·유물사령부 등에 소장된 서류들을 샅샅이 뒤져, 마침내 2015년 12월 3일 해군역사단 문서고에서 전사자 명단을 발견했다. 이를 계기로 현양 업무에 박차를 가하여 2016년 문산호 전사자기념비 건립, 2018년~2019년 황재중 선장 등 전사 선원 11명에 대한 충무 또는 화랑무공훈장을 추서하게 되었다.

필자는 퇴직 후 2024년 5월 17일 장사상륙작전기념사업회 유병추 회장의 초청으로 을지로 3가 사무실을 방문했다. 유병추 회장은 장사상륙작전이 제대로 인정을 못 받고 있다면서 현양하는데, 일을 도와주면 좋겠다고 말했다.

"해군에서는 LST 문산호 승조원에 대한 현양과 인천상륙작전에 대한 재현행사를 해오고 있지만, 우리 육군에서는 장사상륙작전에 대해 전사자 위령제만 지낼 뿐 재현행사도 없어요. 장사상륙작전은 인천상륙작전의 명성에 가려져 우리 정부와 국민이 잘 모르고 있어 가슴이 아파요. 그래서 이 작전을 현양하려면 우선 고증된 사실을 바탕으로 제대로 된 전사서(戰史書)가 필요하다고 봐요. 임성채 박사님이 '장사상륙작전'에 대한 책을 집필해주면 고맙겠소."

해군 출신인 필자는 처음에는 망설여졌다. 육군의 유격전투에 대해서는 잘 모르기 때문이었다. 지금까지 출간된 책이나 자료집들을 살펴보니 주로 참전한 학도병 유격대원들의 증언 내용을 토대로 단편적으로만 엮어져 있었다. 장사상륙작전이 해군작전임에도 상륙 이전 적진 무력화, 상륙함의 돌격 접안, 함수 문 및 램프 운용, 밸러스트 탱크 운용, 상륙군의 하선과 해안 상륙 등 상륙과정에 관한 내용이 기술되어 있지 않아 그때의 작전을 생생하게 그려볼 수가 없었다. 국방부 군사편찬연구소에서 2023년에 펴낸 『6·25전쟁 시 상륙작전』에 미 함정의 항해 일지 등 기록물을 참고하여 장사상륙작전 내용을 수록한 것은 사실적·신뢰적 측면에서 한층 제고된 군사(軍史)로 평가될 만하다. 그렇지만 지휘관의 고뇌와 갈등, 대원들의 심정 그리고 긴박하게 전개된 상륙작전 과정과 순간순간을 묘사한 것은 없다.

무엇보다 일반인들의 관심과 구독을 이끄는 책이 필요하다는 것을 느낀 필자는 해군 복무 때 LST에서 근무한 경험을 토대로 생동감 있게 묘사할 수 있다는 자신감이 생겨 집필에 나서게 되었다. 문산호와 같은 북한함(LST-678)과 위봉함(LST-676)에서 두 차례나 근무하면서 수많은 상륙훈련과 작전에 참여한 것이 큰 원동력이었다. 먼저 장사 해안을 답사하면서 그때의 해상상태와 대원들의 상륙과정을 그려보며 궁금한 것은 참전자의 증언을 듣고 원고를 채워 나갔다. 1년 3개여 월에 걸쳐 초고를 완료하여 장사상륙작전 전승 75주년을 맞아

『장사상륙작전』이라는 제하의 책을 세상에 내놓았다. 장사 해안에 건립된 장사상륙작전기념관에 항상 이 책이 비치되어 전몰용사들의 영혼을 조금이라도 달래준다면 더할 나위 없을 것이다.

― 2025년 9월 1일 글쓴이 **임 성 채**

| 차례 |

글쓴이의 말 — 장사상륙작전에 참전한 모든 분께 이 책을 바친다 ——— 7

1장 — 장사상륙작전 이전 전황 ——————————————— 13
2장 — 장사상륙작전 배경과 목적 ———————————— 27
3장 — 학도병 모집과 제1 유격대대 조직 ————————— 39
4장 — LST 문산호에 승선, 장사 해역으로 이동 ——————— 49
5장 — LST 문산호, 해안으로 접안 중 암초에 좌초 ————— 63
6장 — 빗발치는 적의 총포탄 속에서 해안 상륙 ——————— 69
7장 — 유격대원들의 결사적 고지탈환 작전 ———————— 87
8장 — 적의 대규모 내습과 유격대의 고전(苦戰) ——————— 97
9장 — 급파된 LST 조치원호에 탑승, 부산으로 철수 ———— 111
10장 — 전열 정비 후 다시 전선으로 ——————————— 127

부록

부록 1 — 장사상륙작전 전과 및 피해 ——————————— 137
부록 2 — LST 문산호의 역정(歷程) 및 일반 제원 —————— 139
부록 3 — 장사상륙작전 참전용사 명단 —————————— 143
부록 4 — 장사상륙작전 및 참전용사에 대한 현양 ————— 159

참고문헌 ———————————————————————— 173
찾아보기 ———————————————————————— 179

1장

장사상륙작전 이전 전황

1장
장사상륙작전 이전 전황

    1950년 6월 25일, 일제 치하에서 벗어난 지 불과 5년 후 한반도에는 동족상잔의 비극이 휘몰아쳤다. 북한군의 무력 침공으로 한국과 북한 간 싸움이 벌어진 것이다. 한국과 자유우방 국가들은 이 싸움을 6·25전쟁 또는 한국전쟁으로 부르고 있다.

    이날 새벽 4시 전진 배치되어 있던 북한군이 일제히 공격을 개시하여 38도 경계선을 넘어 3일 만에 대한민국 수도 서울을 점령했다. 기습공격을 받은 한국군은 미처 방어태세도 갖추지 못한 채 서울의 한강 이남으로 후퇴했으며, 이후 후퇴와 전열 정비를 반복하면서 북한군 남진(南進)을 저지하는 방어전을 펼쳤다. 전쟁 발발 당시 한국군의 전투력은 북한군과 비하여 비교할 수 없을 정도로 열세했다. 미국 등 자유 우방국의 도움이 없으면 북한군을 상대하기에는 매우 어려운 상황이었다.

    '하늘이 무너져도 솟아날 구멍이 있다.'라는 속담처럼 대한민국에 천우신조 같은 구원의 손길이 나타났다. 불과 5년 전 국제평화와 안전유지 목적으로 설립된 유엔(UN, United Nations, 국제연합)이었다. 북한군의 불법 남침을 접한 유엔은 6월 26일 유엔안전보장이사

회(약칭 유엔안보리)를 소집하여 '북한군의 침략 중지 및 38도선 이북으로의 철수'를 요구하는 결의안을 채택했다. 이 결의안에 따라 6월 27일 '북한의 남침은 평화를 파괴하는 행위'라고 선언하고 대한민국에 군사원조와 유엔 회원국들의 참전을 결의했다.

유엔이 신속한 조치를 하게 된 이유는 첫째, 공산주의 세력의 불법적 침략이 자유민주주의 국가들에 의해 반드시 응징된다는 것을 실제로 보여줌으로써 공산주의자들에게 아예 침략 의도를 갖지 못하게 하는 것이었다. 둘째, 한반도가 공산화되면 인접 국가인 일본도 공산주의 세력의 침략 대상이 될 것이며, 결국은 태평양지역의 국가들도 위태로운 상황에 빠진다는 것이다. 셋째, 공산군의 침략을 저지하지 못한다면 유엔 기능이 유명무실하게 되고 세계의 평화가 파괴된다는 것이다.

미국 또한 북한의 침략을 계기로 아시아에서 공산주의 세력에 대한 새로운 인식과 함께 대응 전략을 모색하게 되었다. 아시아의 공산주의 세력도 유럽의 공산주의 세력과 같이 국제질서를 파괴하는 위협 세력으로 인식하고, 공산권 세력으로부터 침략을 당하는 자유민주주의 국가에 대해서는 조약상 방위의무의 유무를 떠나 즉각적으로 군사력을 투입하여 공동으로 대응하기로 했다. 그리고 한반도가 공산화되면 미국 자국의 안보와 이익 차원에서도 위협을 받게 될 것으로 판단했다. 이미 공산화된 중국에 이어 한반도가 공산화될 경우 일본, 타이완, 필리핀 등 동아시아 국가들과 태평양 해상교통로까지 위협을 받게 된다는 것이다. 이에 한반도를 전략적 차원에서 중요 지역으로 평가하고 종전의 극동 전략에 수정을 가하여 극동방위선에서 제외되었던 한국과 타이완을 포함하는 등 적극적인 전략으로 대응해 나갔다.

유엔회원국들은 유엔안보리의 군사원조와 참전 결의에 따라 신속하게 행동을 취했다. 미국에 이어 영국, 오스트레일리아, 뉴질랜드, 프랑스, 캐나다, 남아프리카공화국, 터키, 태국, 그리스, 네덜란드, 콜롬비아, 에티오피아, 필리핀, 벨기에, 룩셈부르크 등 16개국이 전투부대를 참전시키기로 했고, 그 밖의 나라들도 병원선 등 비전투장비를 지원하기로 했다.

미국이 가장 적극적으로 나섰다. 미국의 트루먼(Harry S. Truman) 대통령은 유엔결의안 다음날 6월 27일에 미국의 극동군사령관 맥아더(Douglas MacArthur) 장군에게 한국전쟁에 대한 작전권 부여와 함께 해군력과 공군력 투입을 지시하고, 6월 30일에는 미 지상군 투입을 결정했다. 이에 맥아더 장군은 한반도에 전개된 미군과 유엔군을 작전지휘하게 되었고, 유엔결의안 목표를 달성하기 위한 군사적 행동에 들어갔다.

맥아더 장군은 먼저 한국 전선을 시찰했다. 한강 이북이 북한군에 점령되어 위험한 상황임에도 불구하고 6월 29일 일본 하네다 공항에서 자신의 전용기를 타고 한국의 수원비행장으로 날아갔다. 대전에서 정찰기 편으로 출발하여 이미 수원비행장에 도착해 있던 이승만 대통령과 무초(John J. Muccio) 주한미국대사가 맥아더 장군을 맞이했다.

이승만 대통령, 무초 대사, 맥아더 장군은 비행장에서 처치(John H. Church)[1] 육군 준장으로부터 전방지휘소 상황을 보고받은 후 인근 학교에 있는 한국의 육군본부로 이동하여 전황을 보고받았다.

보고를 받은 후 맥아더 장군은 미 극동공군사령관 스트레이트메이어(George E. Stratemeyer) 공군 중장, 미 극동군사령부 참모장 알몬드(Edward M. Almond) 육군 소장, 작전참모 라이트(Edwin K. Wright) 육군 소장, 정보참모 윌로비(Charles A. Willoughby) 육군 소장, 주일연합군사령부의 민정국장 휘트니(Courtney Whitney) 육군 준장 그리고 뉴욕 헤럴드 트리뷴지 히긴스(Marguerite Higgins) 여기자 등 동경 특파원 기자들을 대동하여 승용차와 지프 차를 타고 한강 이남으로 향했다.

영등포역 근처에 도착한 맥아더 장군은 한강 변 언덕 위(옛 동양맥주공장 위치)에 올라 약 1시간 동안 북한군의 동태를 지켜보고 주일 미군 등 지상군을 신속하게 한국 전선에 투입하여 교두보를 유지하고, 북한군의 병참선을 차단할 상륙작전을 통해 전략적 공세로 전환하여 북한군을 격퇴하겠다는 작전을 구상했다.[2]

---

1) 처치 장군은 한국전쟁 사태를 파악하고 지휘 조치에 대한 필요한 정보를 얻기 위해 1950년 6월 27일 맥아더 장군에 의해 전방지휘소 및 주한연락단장으로 임명되었다.
2) James F. Schnabel and Robert J. Watson, 《The History of the Joint Chief : The Joint Chiefs of Staff and National Policy, The Korean War》 vol. Ⅲ, Part Ⅰ(Historical Division Joint Secretariat JCS, 1978), p. 141.

〈한강 전선을 시찰하는 맥아더 장군〉

 이날 맥아더 장군은 일본 도쿄의 미 극동군사령부로 복귀하자마자 미 지상군 투입 필요성이 담긴 한국전선 시찰 결과를 본국에 보고하고, 다음 날 7월 1일 알몬드 참모장에게 인천상륙작전 계획을 수립하라고 지시했다. 이때부터 그는 인천 상륙을 염두에 두었던 것이었다.
 인천 상륙을 구상하게 된 것은 1759년 퀘벡전투의 교훈과 맥아더 장군 자신이 직접 지휘한 제2차 세계대전 때 태평양지역에서의 수많은 상륙작전을 통해 승전의 비법을 터득했기 때문이다. 퀘벡전투(일명 : 아브라함 평야전투)는 영국의 제임스 울프 장군이 지형상 상륙작전이 불가능하다는 일반적인 통념을 깨고 세인트로렌스강을 따라 올라가 가파르고 높은 절벽 위에 축조된 난공불락의 프랑스 요새에 상륙하여 몽 칼름 장군의 군대를 패배시킨 전투이다.

인천 또한 퀘벡[3]처럼 지형이 험악했다. 조석 간만의 큰 차이로 바닷물의 흐름이 빠르며 인천항으로 접근하는 수로가 좁고, 해안 대부분이 진흙으로 형성되어 있어 상륙작전에 불리한 조건들만을 지니고 있었다. 맥아더 장군은 공산군 측도 이런 악조건들 때문에 유엔군의 인천 상륙을 아예 예상하지 못할 것이라는 점 때문에 오히려 더 인천

〈1759년 퀘벡전투 때 영국군의 상륙을 재현한 그림〉

---

3) 캐나다 동부에 있는 퀘벡은 프랑스령이었는데, 퀘벡전투 이후 1763년 파리 조약에 따라 정식으로 영국령이 되었다.

에 방점(傍點)을 두게 된 것이다.

　미국은 미 해군과 공군력을 먼저 투입했다. 유엔결의안이 채택되는 6월 26일, 미 극동해군사령관 조이(Charles Turner Joy) 중장은 구축함 2척을 인천으로 보내 미국 민간인을 일본으로 철수시키고, 6월 27일에는 제5-50호 작전명령을 내려 미 제7함대의 작전을 통제했다. 아울러 이날 일본 사세보에 있는 경순양함 주노함(Juneau, CLAA 119)과 구축함 4척으로 한국지원전대(TG 96.5)를 편성하여 즉시 한국해역으로 출동시켰다. 이에 경순양함 주노함과 구축함 드헤이븐함(De Haven, DD 727)은 6월 28일 한국해역에 도착하여 본격적인 작전에 들어갔다. 이어 6월 29일 영국의 극동함대, 6월 30일 오스트레일리아 함대가 한국해역에 도착했다.[4]

　미 극동공군도 6월 26일 미국 민간인 철수와 한국군을 위한 탄약 공수 임무 그리고 한국에 침공한 북한군을 향해 폭격을 가했다. 이날 미국 민간인 철수 임무를 수행하던 미군 수송기가 북한 야크기(Yak)로부터 공격을 받자, 미 공군 F-82기가 즉각 대응하여 야크기 3대를 격추했다. 맥아더 장군이 한강 전선을 시찰하는 6월 29일에는 B-26기 22대, B-29기 12대, F-80기 70대, F-82기 15대가 출격하여 한강 이북의 북한군에 대해 폭격을 가했다.

　미 지상군 투입은 맥아더 장군이 한국 전선을 시찰한 다음 날인 6월 30일에 결정되었다. 이날 트루먼 대통령으로부터 병력 투입에 대

---

4) 해군역사기록관리단, 『6·25전쟁과 한국해군작전』, 해군본부, 2010년, 120쪽.

한 전권을 부여받은 맥아더 장군은 일본 요코하마에 주재하던 미 제8군사령관 워커(Walton H. Walker) 중장에게 규슈에 주둔한 미 제24사단(사단장 William F. Dean)을 한국에 즉각 전개토록 명령했다. 이에 제24사단의 제21연대 제1대대장 스미스(Charles B. Smith) 중령이 이끄는 스미스 부대(Task Force Smith)가 항공기 편으로 7월 1일 부산 수영비행장에 도착했다. 이어 일본 규슈와 혼슈 남부 지역에 주둔하던 제24사단이 7월 4일까지, 일본 혼슈에 주둔한 미 제25사단(사단장 William B. Kean 소장)이 7월 10일부터 7월 15일까지, 일본 요코하마에 주둔한 미 제1기병사단(사단장 Hobart Gay 소장)이 7월 18일부터 7월 22일까지 한국으로 이동, 전투에 들어갔다.

미 제8군사령관 워커 중장은 7월 6일 맥아더 장군으로부터 한국전선으로 출전하여 주한미군을 지휘하라는 명령을 받고, 7월 9일 대구에 사령부를 설치한 후 7월 13일부터 작전지휘권을 행사했다. 7월 17일에는 맥아더 장군으로부터 한국군 지상군에 대한 작전지휘권도 부여받았다.[5]

다행스러운 것은 전쟁 초기에 즉각 미 지상군 투입이 가능했다는 것이다. 한국과 가까운 일본에 미군들이 주둔해 있었기 때문이다. 그러나 맥아더 장군이 요구한 병력보다 1개 사단이 더 증파되었지만,

---

[5] 한국의 이승만 대통령은 7월 14일 한국군의 작전지휘권을 주한미국대사인 무초를 통해 맥아더 장군에게 위임했고, 맥아더 장군은 이중 한국군 지상군에 대한 작전지휘권을 미 제8군사령관에게 부여했다.

파죽지세로 남진해 오는 적의 대규모 병력을 물리치는 데에는 역부족이었다. 미 제24사단, 제25사단, 제1기병사단은 당분간 전열 정비와 병력증원을 위한 시간을 갖기 위해 한국군과 연합하여 지연 작전을 펼칠 수밖에 없었다.

7월 2일 기차로 이동하여 대전에 도착한 스미스 대대는 처치 준장으로부터 "가능한 한 북방에서 북한군의 공격을 저지하라."는 명령을 받고 평택과 안성 부근에 배치했다. 이후 미 제24사단의 주력이 올라와 평택-안성 선을 점령함에 따라 스미스 대대는 7월 5일 제52포병대대와 함께 오산 북쪽의 죽미령으로 옮겨 방어진지를 구축했다. 이때 이곳으로 진격해 오는 북한군 제4사단 2개 연대, 제107전차연대와 첫 전투를 치렀다. 약 6시간 동안 치열한 전투를 치렀으나, 북한의 전차부대를 막지 못하고 안성을 경유 천안으로 철수했다.

오산전투 이후 미 제24사단은 대전 북방 대평리와 공주 지역에 배치하여 금강-소백산을 연결하는 선에서 적의 남진을 저지하기 위해 7월 14일부터 4일간 북한군 제3사단, 제4사단과 격전을 치렀다. 그러나 이 방어선도 돌파되어 대전 외곽 지역으로 철수를 했는데, 논산과 금산으로 우회한 북한군으로부터 배후공격을 받고 제24사단 부대들은 분산되어 딘 사단장이 실종되고 포로로 잡히는 등 7월 20일까지 3일 동안 고전을 겪으면서 영동으로 철수했다.[6]

대전이 북한군에게 함락됨에 따라 전선은 계속 남쪽으로 밀려 7월

---

6) 국방부 군사편찬연구소, 『6·25전쟁사』 제4권, 국방부, 2008, 5쪽.

31일 낙동강 유역까지 이르게 되었다. 8월에 접어들면서 낙동강 전선을 중심으로 쌍방(유엔군, 북한군) 간에 동부전선에서는 포항 외곽에서, 중부전선에서는 왜관 등지에서 접전이 치열하게 전개되었고, 서부전선에서는 진동리에 침입한 북한군이 진해와 부산을 위협하고 있었다.

제8군사령관 워커 장군은 북한군의 공세를 저지하고 유엔군의 증원병력과 전쟁물자가 들어오는 부산을 지키기 위해 낙동강을 따라 연결된 지역을 최후방어선으로 선정했다. 그는 7월 26일 낙동강 방어선으로의 철수준비 명령에 이어 결국 8월 1일 철수 명령을 내렸다. 이에 국군과 미군은 8월 1일부터 8월 4일까지 낙동강을 따라 방어선을 구축하게 되었다.

북한군 제6사단이 하동과 진주 지역에서 미군의 저지선을 돌파하고 마산 서쪽으로 진격해 오자 미 제25사단 주축으로 킨 부대(Task Force Kean)를 편성하여 8월 3일부터 7일간 진주 지구 탈환을 위해 공격하던 중 낙동강 전선이 위급하여 공격을 중지하고 8월 10일부터 8월 13일까지 마산 서쪽 진동리 일대에서 방어태세로 전환했다. 국군과 유엔군은 8월 1일부터 9월 14일까지 낙동강 전선에 배치하여 북한군의 대공세를 방어하는 데 총력을 기울였다.

낙동강 방어선의 동부전선에는 국군 제1군단 예하의 수도사단, 육군본부 직할의 제3사단[7)]이 영덕, 포항, 기계, 안강 등에서 북한군 제2군단 예하의 제5사단과 제12사단, 독립 유격부대인 제766부대의 최후공세를 저지하는 작전을 펼쳤다.

　북한군은 포항 점령을 위해 제5사단이 영덕을 점령한 후 장사동의 국군 제3사단을 압박하고, 기계 부근에 진출한 북한군 제12사단의 일부 병력이 포항으로 진출, 제766부대는 영덕에서 안강으로 진출하고 있었다.[8]

　그런데 국군 제3사단이 8월 8일 북한군 제5사단의 야간 대공세로 방어선이 무너져 남쪽으로 철수하여 8월 10일 영덕 장사 해안으로부터 남쪽 11km 떨어진 청하에서 고립되어 전멸위기에 처하게 되었다. 결국에는 8월 17일 청하로부터 북쪽 6.3km에 있는 송라면 독석리[9] 해안으로 이동하여 4척의 LST[10] 편으로 구룡포로 철수한 후 포항 남쪽에서 북한군 제5사단과 대치하고 있었다. 포항 서쪽의 안강 지역에서는 수도사단 예하 부대들이 북한군 제12사단에 맞서고 있었지만, 경주마저도 위험한 상황에 이르게 되었다.

　한편 맥아더 장군은 자신이 생각한 인천상륙작전 실행을 위한 준

---

7) 국군 제3사단은 육군본부 작전명령 제134호(1950. 8. 15.)에 따라 육군본부 직할에서 국군 제1군단으로 편입되었다. (박종상, 『6·25전쟁 시 상륙작전』, 국방부 군사편찬연구소, 2023, 109쪽.)
8) 박종상『6·25전쟁 시 상륙작전』, 국방부 군사편찬연구소, 2023, 109쪽.
9) 독석리 해안은 영덕군 남정면 장사 해안과 포항시 북구 청하면 간 중간지역이다.
10) LST 4척은 한국인이 운용하는 LST 1척(조치원호)과 일본인이 운용하는 LST 3척(LST Q0-19, Q0-38, Q0-99)인데, 이는 당시 제96.5기동전대 사령관 미 해군 루시(Michael J. Luosey) 중령이 준비하여 급파한 것이다. 4척의 LST는 국군 제3사단 병력 5,800명, 주한미군사고문단 연락단, 1,200명의 피난민, 차량 100대를 싣고 구룡포로 철수했다. (James A. Field, Jr.,《History of United States Naval Operations, Korea》, 1962, p. 149.)

비를 빈틈없이 해나가고 있었다. 인천 상륙에 투입할 미 제1임시해병여단[11](여단장 Edward A. Craig 준장)은 8월 2일 부산에 도착한 후 8월 3일 저녁 창원 서부지역에 배치했다. 8월 26일에는 극동군사령부 직속으로 인천상륙작전에 투입할 미 제10군단[12](군단장 Edward M. Almond 소장)을 재창설하고, 그 예하에 미 제7사단(사단장 David G. Barr 소장)과 미 제1해병사단(사단장 Oliver P. Smith 소장)을 두었다. 그리고 8월 29일 미국 본토의 미 제2사단(사단장 Laurence B. Keiser 소장), 9월 13일 미 제1군단(군단장 Frank W. Milburn 중장)을 한국의 낙동강 전선에 투입했다.

---

11) 미 제1임시해병여단은 미 제5해병연대 병력으로 임시로 편성되었다. 미 제1해병사단은 일본 고베에 도착한 후 인천해역으로 이동하던 중 1950년 9월 13일에 미 제1임시해병여단을 제5해병연대로 환원시켜 인천상륙작전에 투입했다.
12) 미 제10군단은 제2차 세계대전 후 1946년 1월 일본에서 해체되었으며, 1950년 8월 26일 다시 창설되었다.

2장

장사상륙작전 배경과 목적

2장
장사상륙작전 배경과 목적

　낙동강 전선이 뚫리고 부산이 함락되면 대한민국 전체가 공산 치하로 들어가는 것은 불을 보듯 뻔했다. 백척간두에 선 위기였다. 이 위기에서 벗어나는 것이 지난(至難)해 보였다. 낙동강 전선에 쌍방 간 병력이 팽팽하게 맞서 있는 상황에서 지상군만으로 북한군을 격퇴하는 것은 어려웠다. 해군력과 공군력을 이용할 수밖에 없었다. 유엔군은 전쟁 초기부터 우세한 전투력으로 한반도의 해역과 공중을 대부분 장악하고 있었다.

　한반도는 동·서 간의 폭이 좁고, 남·북 간의 길이가 길며, 동·서·남쪽 3개 쪽이 바다와 접해 있어 바다에서 육지로 전투력을 투사하기에는 좋은 조건이다. 더욱이 한반도 남쪽 깊숙이 내려온 북한 지상군은 유엔군의 지상, 해상, 공중의 입체적 전투력에 둘러싸인 형국이 된 셈이었다. 바다에서 입체적 전투력을 투사하는 상륙작전을 통해 북한군을 붕괴시켜야만 대한민국이 살아남을 수 있었다.

　제2차 세계대전 때 태평양의 수많은 섬을 탈환하는 데 성공한 맥아더 장군은 상륙작전의 유용성을 잘 알고 있었고, 전쟁 초기 한국전선 시찰을 통해 한반도의 지형을 관찰하면서 상륙작전으로 대한민국을 구해내겠다는 생각을 하고 있었다.

맥아더 장군으로부터 상륙작전계획을 수립하라는 명령을 받은 알몬드 참모장은 작전참모부장 라이트 준장이 이끄는 합동전략기획작전단(JSPOG)에 인천을 특별히 강조하면서 군산, 해주, 진남포, 원산, 주문진, 삼척 등 가능한 모든 지역을 대상으로 검토하라 지시했다. 그로부터 20여 일이 지난 후 '크로마이트 작전(Operation Chromite)'이라는 이름으로 만든 100-B(인천), 100-C(군산), 100-D(주문진) 3가지 안이 7월 23일 미 극동군사령부의 각 참모부에 회람되었다. 그런데 100-C와 100-D는 상륙부대가 인천에 상륙한 후에도 낙동강 전선의 미 제8군 상황이 호전되지 않을 경우를 대비한 100-B의 보조작전에 불과했다. 인천을 강조한 맥아더 장군의 의중이 실린 것이다.

미 합참에서는 인천 상륙을 강력하게 반대했다. 인천이 전략적인 측면에서는 유리하지만, 상륙작전에 매우 불리한 조건을 가지고 있기 때문이다. 상륙에 성공할 확률이 5천분의 1이라는 분석 결과를 내놓으면서 확률이 높은 군산 상륙을 촉구했다.

맥아더 장군이 인천을 계속 고집하자, 미 합참의장 브래들리(Omar N. Bradley) 장군은 미 육군참모총장 콜린스(J. Lawton Collins) 장군과 미 해군참모총장 셔먼(Forrest P. Sherman) 제독을 일본 도쿄로 보냈다. 맥아더 장군을 설득하기 위함이었다. 8월 23일

개최된 미 극동군사령부 회의에서 인천 상륙에 대한 반대의 의견들이 나왔으나, 맥아더 장군의 고집은 꺾이지 않았다. 콜린스 장군과 셔먼 제독은 맥아더 장군의 계획을 바꿀 수 없다는 것을 알고 인천 상륙이 시행되지 못하거나 실패에 대비 예비계획으로 군산에 대한 상륙도 수립할 것을 제기했다. 결국에 8월 28일 미 합참은 군산 상륙계획 수립 조건으로 상륙작전계획을 승인해 주었다. 이에 예비계획으로 100-A(군산)도 수립되었다.

크로마이트 작전은 인천에 상륙작전을 감행하여 낙동강 방어선에서 반격하는 미 제8군과 연결하여 북한군을 포위 공격한다는 100-B를 기본으로 하고, 인천 상륙 후에도 남쪽에서 반격하는 미 제8군의 상황이 호전되지 않을 경우를 대비한 보조계획인 100-C와 100-D 그리고 인천 상륙이 불가하거나 실패할 경우를 대비한 예비계획인 100-A로 수립된 것이다.

이처럼 인천에 승부수를 건 맥아더 장군은 모든 노력을 인천상륙작전에 두었다. 상륙준비는 극비리에 추진되었다. 성공 확률도 낮은데 적군이 인천 상륙을 사전에 알고 병력을 증강한다면 가능성이 더 희박해지기 때문이다. 만약 적군이 상륙 정보를 습득했더라도 어디서 언제 감행할 것인지를 알지 못하게 하고 적의 전투력을 분산시키기 위한 다양한 양동작전이 필요했다.

유엔군은 인천상륙작전 성공을 위해 서해안과 동해안에서의 기만작전을 수립하고, 9월 5일부터 동해안의 원산, 마양도, 삼척, 포항 등

지와 서해안의 평양, 진남포, 인천, 군산 등지에 대해 항공기 폭격, 함포 포격, 기습상륙 등을 실시했다. 미 제5해병연대는 함정 승선을 위해 부산에 집결했을 때 해병 장병들에게 반공개적으로 군산의 해안특성과 지형에 관해 설명하며 모의훈련을 반복했고, 기지 안에서는 드나드는 한국 사람에게 군산지구의 지도와 모형도가 눈에 띄도록 했다. 군산에 상륙할 것이라는 정보를 유출하여 기만하기 위한 것이다.

유엔군은 실제로 군산 지역에 항공기를 보내 '주민들은 해안에서 철수하여 내륙지역으로 피란하라.'라는 전단을 살포하고, 영국 순양함 자메이카함(Jamaica), 호위함 화이트샌드 베이함(Whitesand Bay), 한국의 PC-701함(백두산)은 군산 해역으로 접근하여 9월 12일 해안에 대해 포격을 가하고, 아울러 전투기들도 해안을 폭격했다.[13]

미 육군 엘리(Louis Eli) 대령이 지휘하는 미 육군 제1레이더스 중대(제8227부대)와 영국해병대 제41코만도로 구성한 미·영 혼성기습부대는 영국의 화이트샌드 베이함의 엄호 아래 9월 12일 밤 군산항에 상륙했다가 다음 날 새벽에 철수했다. 이 작전에서 적군의 반격을 받아 3명의 미군이 전사했다.[14]

9월 13일에도 영국 군함들과 한국의 PC-701함은 군산 해안

---

13) 최영섭, 『바다를 품은 백두산』, Freedom and Wisdom, 2021, 148-149쪽.
14) Walter Karig, Malcolm W. Cagle and Frank A. Manson, 《Battle Report : The War in Korea》, New York, Rinehart, 1952, pp. 211-212.

에 대해 함포사격을 가했다. 한편 미국의 전함 미조리함(Missouri, BB 63)), 중순양함 헬레나함(Helena, CA 75), 구축함 매독스함(Maddox, DD 731), 브러시함(Brush, DD 745)은 9월 14일과 9월 15일에 동해안 삼척 지역 등에 함포사격을 가했다.[15]

〈미국 국립문서보관청(NARA) 소장〉

---

15) James A. Field, Jr., 《History of United States Naval Operations, Korea》, 1962, p. 212.

이처럼 인천상륙작전 성공을 위한 모든 노력이 집중됨으로써 낙동강 전선은 상대적으로 더 불리해졌다. 7월 말 동해안 영덕까지 진격한 북한군은 8월 말에 이르러 낙동강 방어선에 대해 대규모 공격을 개시하여 최종 목표인 부산과 진해를 점령하려고 총력을 기울였다.

9월 초, 북한군 제2군단의 강한 압박 공격으로 포항 일대 전선이 붕괴 직전에 있었다. 영천·신녕 방면에서 북한군 제766부대, 제8사단, 제12사단, 제15사단이 연이어 전선 돌파를 시도하고 있었고, 동해안 쪽의 북한군 제5사단은 국군 제3사단의 방어선을 무너뜨리고 계속 압박을 가해 경주와 영일 비행장으로의 돌파를 시도하고 있었다.

이때 유엔군 측에서는 낙동강 전선을 돌파하기 위한 동해 전선의 북한군 머리 위에다 상륙하자는 제안이 나왔다. 지도를 펴서 포항 북쪽의 지형을 살펴본 후 상륙 장소로 적합한 곳으로 판단되는 장사 해안을 지목했다. 조용한 농어촌 마을이 있는 이곳은 국군 제2군단 책임 구역이었다.

유엔군은 잘 훈련된 소규모 특수부대가 치고 빠지는 식의 기습상륙을 위해 제8군사령부 직속으로 새로 편성된 레인저 중대(Ranger Company)를 투입하려고 했으나, 기장에서 특수훈련을 받던 중이라서 실전 투입이 어려웠다. 이렇게 되자 이 임무는 국군 제2군단으로 넘어가게 되었다.

국군 제2군단은 제3사단에서 1개 대대를 차출하여 한국해군의 LST에 탑승시켜 미 제10군단 인천 상륙과 같은 날인 9월 15일 02시

30분에 상륙을 감행한다는 기본계획과 함께 지원계획을 구상했다. 한국해군의 구잠함(PC)[16]은 부산에서 상륙지역까지 상륙대대를 호송하고 이후에 계속 현장에 남아 화력지원을 제공하며, 미 해군의 하트만(Charles C. Hartman) 소장이 이끄는 동해안전대(TG 95.2)[17]는 상륙 이전 적진 무력화를 위한 함포 포격을 가하고, 상륙 후 LST가 해변을 이탈하면 현장을 떠나는 것으로 지원계획을 세웠다.[18]

기본계획과 지원계획이 그럴싸하게 보였지만, 현실적인 문제에 부딪혔다. 국군 제3사단의 정규부대는 물론 사단 예비대까지 모두 전선에 투입되어 있었기 때문이다. 그 당시 상륙작전을 주 임무로 하는 미 제1임시해병여단과 한국해병대는 낙동강 전선의 서부지역에서 부산을 점령하려는 북한군 제6사단, 7사단과 맞서 혈전을 치르고 있었다.

부대 차출 문제를 두고 육군본부에서도 다각적으로 검토했지만, 불리한 전황에서 뾰족한 해답을 낼 수 없었다. 당시 전선에 묶이지

---

16) 《Dark Moon : Eighth Army Special Operations in the Korean War 》(Ed. Evanhoe, 1955)에는 한국해군의 호위함(PF)이 호송을 맡는 걸로 되어 있다. 이는 구잠함(PC)을 호위함(PF)으로 잘못 기술한 것으로 추측할 수 있다. 한국해군이 호위함을 최초로 보유한 때는 1950년 10월 23일이었다. 당시 한국해군은 3인치 함포 1문을 장착한 450톤급 구잠함(PC) 4척을 보유하고 있었다.

17) 한국전쟁 시 TF95(봉쇄·호송부대) 예하에 여러 개의 전대(TG)로 편성되었고, 이중 미 해군이 맡은 동해안전대(TG 95.2)와 영국해군 및 영연방해군이 맡은 서해안전대(TG 95.1)가 있었다. 서해안전대는 영국 해군 극동함대의 부사령관 앤드류스(William G. Andrewes) 해군 소장이 이끌었다.

18) Ed. Evanhoe, 《Dark Moon : Eighth Army Special Operations in the Korean War 》, Annapolis, Naval Institute press, 1955, p. 27.

않은 유일한 부대는 편성된 지 얼마 안 되고 한창 훈련 중인 한국 육군의 제1유격대대였다. 일부에서는 '제1유격대대의 미진한 훈련상태와 전투경험 그리고 빈약한 총기류 등 취약점으로 상륙작전을 수행할 수 없다.'고 반론했으나, 대부분은 제1유격대대를 투입하는 의견 쪽으로 기울여져 갔다.

이 임무를 부여받은 국군 제3사단은 육군본부를 통해 유엔군 측에 제1유격대대의 취약점을 설명하고 미 전차 중대와 공병소대를 지원부대로 증편해 달라고 요청했다. 육군본부는 제3사단의 요청사항을 유엔군 측에 전달했는데, 유엔군 측은 낙동강 돌파 공세에서 주공 임무를 수행할 전차 중대와 공병소대를 빼내어 성공률이 미미한 임무에 낭비할 수 없다며 받아들이지 않았다. 게다가 미 해군의 함포 포격 지원마저도 거절했다.[19)]

유엔군과 국군은 잠시라도 장사동의 병목에 병마개를 박아 넣는다는 구상에 미련을 버리지 못했다. 병마개를 넣음으로써 손해를 보는 만큼 이익도 있을 것으로 생각하여, 최종적인 결정을 한국의 육군본부에 일임했다.

육군본부에서도 동해안에서 기습상륙을 통해 얻어낼 작전 효과가 매우 클 것으로 판단하여 다른 부대 차출도 모색해 봤지만, 결국 제1

---

19) Ed. Evanhoe, 《Dark Moon : Eighth Army Special Operations in the Korean War 》, Annapolis, Naval Institute press, 1955, p.27.

유격대대를 투입하는 것으로 결정했다. 인천 상륙 시기에 맞춰 적진인 포항 북쪽의 영덕군 남정면 장사동 해안에 기습상륙을 감행하기로 했다.[20]

이 작전의 목적은 제1유격대대가 적진에 기습 상륙하여 북한군을 교란하고 보급로를 차단함으로써 낙동강 전선에 배치된 적 병력을 유인해 내고, 아군 작전을 지원하며 인천상륙작전 기간 적의 관심과 병력을 동해안에 묶어 두려는데 있었다.

제1유격대대의 장사 상륙을 결심한 직후 육군본부는 작전계획을 일부 조정했다. 한국해군의 LST로 상륙하지 않고 한국해군의 PC함(구잠함)을 타고 현장으로 이동해서 9월 12일부터 3일간 현지의 낚싯배들로 상륙하는 것으로 바꾸었다. 제1유격대대의 고문관으로 지명받은 해리슨(William S. Harrison) 해군 중위는 조정된 계획에 반대했다. 적들이 만약 첫날부터 바로 침투를 인지한다면 그 후 이틀간의 침투는 더 어려울 것으로 판단했기 때문이다.

이에 육군본부는 또 작전계획을 변경했다. 제1유격대대가 한국해군 PC함의 호송을 받는 한국해군의 LST 편으로 9월 15일 02시 30분에 상륙하는 것이며, PC함은 호송 임무 후 상륙엄호를 위한 함포사격을 하도록 했다. 이번에는 한국해군이 반대했다. 야간 포격 때는

---

20) 장사동 해안은 국군 제3사단이 1950년 8월 17일 철수했던 송라면 독석리 해안에서 북쪽으로 7km에 있다.

조명탄이 필요한데, 3인치 포 1문으로 조명탄을 쏘면서 함포사격을 한다는 것이 어려우며, 또 조명탄의 재고가 부족했기 때문이다. 이 문제점으로 나온 것이 눈으로 표적을 보고 포격할 수 있도록 상륙시간을 일출 30분 전으로 변경한 것이다.

제1유격대대의 상륙작전은 상륙 이전 대규모의 화력지원을 기대할 수 없게 되어 성공 확률이 희박해졌다. 상륙작전의 통제권은 육군본부로 넘어갔으며, 제1유격대대는 훈련을 위해 부산으로 이동했다. 해리슨 중위는 화기와 장비 취득을 하는데 자신이 필요할 것이라고 언급하며 유격대대와 함께하기로 했다. 쿠퍼(Frederick D. Cooper) 상사도 부고문관으로 동행하기로 했다.

제1유격대대는 9월 14일 오후 부산항 제4부두에 계류된 LST 문산호에 탑승했다. 그런데 출항시간을 앞두고 호송과 포격 임무를 맡은 한국해군의 PC함이 엔진 고장으로 출항을 할 수 없게 되었다. PC함의 임무는 갑자기 이날 졸리(John C. Jolly) 해군 중령이 지휘하는 소해 구축함 엔디코트함(Endicot, DMS-35)으로 넘겨졌다.[21]

---

21) Ed. Evanhoe, 《Dark Moon : Eighth Army Special Operations in the Korean War 》, Annapolis, Naval Institute press, 1955, p.28.

3장
학도병 모집과 제1 유격대대 조직

3장
학도병 모집과 제1 유격대대 조직

 동해안의 적진 상륙의 의견은 사실 유엔군 측의 본격적인 제안이 있기 전부터 있었다. 적의 대규모 공세를 꺾기 위해서 반격작전과 이울러 기습상륙작전, 유격작전 등 가용한 모든 작전을 펼쳐야 한다는 의견들이었다.

 정일권 육군참모총장 또한 적진 상륙에 대한 필요성을 절감하고 1950년 8월 초순 '유격대를 편성하여 적 후방에 침투시켜 동부전선 포항지구의 북한군 공세를 차단하라.'고 지시했다. 이에 작전교육국장 강문봉 대령은 작전계장 방원철 소령에게 '예비병력을 동원하여 유격대를 편성하라.'라는 임무를 주었다.[22]

 유격대 편성도 사실은 전쟁 초부터 그 움직임이 있었다. 전쟁 발발부터 국방부 정훈국 대적공작대장(對敵工作隊長)으로 민·관·군의 사기진작과 북한군에 대한 귀순공작을 맡고 있던 이명흠 대위가 자신의 상관인 국방부 정훈국장 이선근 대령에게 유격대의 필요성을 역

---

22) 방원철, "감격의 그 날을 회고하며", 이종훈, 『무명용사의 열혈전투실기』, 서북문화사, 1957, 243-244쪽.

〈육군 독립 제1유격대대장 이명흠 대위〉

설하고 조직편성에 앞장서 주기를 요청했지만, 정훈국과 무관한 업무라며 응하지 않았다. 이명흠 대위는 포기하지 않고 자신이 직접 육군본부에 들러 작전교육국장 강문봉 대령에게 유격대 필요성을 설득하고 조직편성을 건의했지만, 전황상 급히 서둘 필요가 없다며 미온적인 자세를 취했다.[23]

---

23) 육군 군사연구실, 『학도의용군』, 육군본부, 1994, 130-131쪽.

이명흠은 육군사관학교 제5기로 임관한 후 전쟁이 발발하자 최전선을 누비며 선무공작 임무를 수행하던 중 북한의 유격대와 대적(對敵)하면서 유격전의 유용성을 알게 되었다. 우리 국군이 미처 방어선을 구축하기도 전에 북한군 유격대가 선발대로서 아군 지역으로 기습 침투하여 정찰 임무와 함께 아군의 전열을 흩트리고 보급로를 차단하는 임무를 수행하고 있었기 때문이다.

북한군은 항일투쟁, 중일전쟁, 국공내전 등에 참전한 유격전 경험자들로 유격대를 조직하여 전쟁 발발과 함께 남한의 동해안으로 침투시켜 정찰 활동과 선제적 기습공격을 가하고 빠지는 식의 게릴라전을 펼쳤다. 이에 아군은 전열과 방어선이 흐트러져 조직적이고 집중적인 전투를 수행하는 데 많은 어려움을 겪고 있었다.

이명흠 대위는 국방부에서 육군본부로 전속되어 계엄민사부 동원과장을 맡아 유격대 조직 임무를 부여받고 8월 21일부터 병력 모집 활동에 들어갔다. 이때는 젊은 청년들이 징집되어 전쟁터에 나가 있었고, 병력을 모집할 지역도 경상도와 제주도로 한정되어 있어 병력 모집이 쉽지 않았다.

이명흠 대위는 대한애국단 단원 일부를 인수하여 이들과 함께 대구역 광장으로 나가 모병 운동을 펼쳤다. 그는 마이크를 잡고 큰소리로 외쳤다.

"조국을 우리 학생의 힘으로 지키자."

당시 대구에는 피난민들이 몰려들고 있었고, 학교 휴교로 학생들

〈조국을 지키고자 군문으로 들어서는 학생들〉

은 피난민 대열에 앞장서거나 군부대에 가서 군수물자 운반 등 국군들을 도와주는 일도 했다.

　근교인 다부동 지구에서는 치열한 전투가 계속되었으며, 가끔 대구까지도 포탄이 떨어져 대구지역에 대한 주민 소개령까지 선포하기에 이르렀다. 이런 상황이 되자 학생들은 우리나라가 공산군 치하로 들어갈지 모른다는 걱정과 함께 조만간 군에 징집될 것이라는 생각에 병력 모집에 적극적으로 응했다.[24]

---

24) 육군 군사연구실, 『학도의용군』, 육군본부, 1994, 131쪽.

당시 19세였던 강정관 학생은 모병소를 직접 찾아가 모병에 자원했다.

"나는 당시 계성고등학교 3학년이었는데, 전쟁으로 학교가 휴교였지만, 날마다 등교했다. 학교가 문을 닫고 가르침과 배움이 없는 시기에 학생이 할 수 있는 일이 무엇일까 생각하던 중 '그래, 이 한 몸 바쳐 나라에 평화가 온다면 나도 한번 나서보자,'라고 각오하고 모병소를 찾아갔다. 그러나 모병관은 나이가 어리다면서 학교장의 추천서를 받아오라 했다. 그래서 나는 신태식 교장 선생님을 찾아가 떼를 써서 겨우 추천서를 받아내어 다시 모병소를 찾아가서 입대에 성공했다."[25]

3일간의 모집 광고와 가두모집 활동으로 대구역 광장에 모인 인원은 거의 1,000여 명에 달했다. 예상보다 많은 인원이 모이자 건전한 사상과 탄탄한 체격을 가지고 있고 담력도 있어 보이는 학생들 위주로 560명을 선발했다.

선발자들은 8월 24일 오후 4시경 화물열차로 대구역을 출발하여 오후 7시에 밀양역에 도착한 후 10분 거리에 있는 농협창고로 이동했다. 여기를 숙영 장소로 정하고 담요 대신에 가마니 2장씩을 받아 취침 준비를 한 후 저녁 11시경 주먹밥 한 덩어리로 허기를 채운 후

---

25) 강정관, 『학도병 회고(장사상륙작전 외)』, 2014, 4쪽.

잠자리에 들었다.[26]

다음날부터 자원자들은 강도 높은 훈련에 들어갔다. 훈련을 주관하는 간부가 대뜸 '집에 갈 사람은 손들라.'고 했다. 그런데 이미 이런 훈련을 각오하고 자원했던 이들은 거의 손을 들지 않았다. 이미 국가를 위해 자원했고, 죽더라도 전쟁터에서 죽는 것이 낫다는 생각을 하고 있었기 때문이다.[27]

학생들이 변화된 환경에 어느 정도 익숙해지자 이명흠 대위는 8월 27일 대구에서 모집한 560명과 최윤동[28]의원이 밀양에서 독자적으로 모병한 200여 명과 합하여 760여 명으로 유격대대를 편성했다.[29] 760여 명 중에서 약 80%에 달하는 600여 명은 18~19세에 불과한 나이 어린 학생들이었다. 이명흠 대위는 자신을 대대장으로 하고 기간요원을 포함한 772명으로 4개 중대로 육군본부 직할 독립 제1유격대대[30]를 조직했다. 처음에는 대대장인 이명흠(李明欽) 대위의 이름 가운데 글자를 따서 '명 부대'라는 별칭으로 불렸으며, 이 별칭은 정식부대 창설 이후에도 널리 사용되곤 했다.[31]

---

26) 육군 군사연구실, 『학도의용군』, 육군본부, 1994, 133쪽.
27) 유병추 증언, 2024년 5월 17일.
28) 최윤동은 운남육군강무당(雲南陸軍講武堂)을 졸업하고 청산리 전투에도 참여한 바 있으며, 대구에서 제헌 국회의원으로 일했던 인물이다.
29) 국방부 군사편찬연구소, 『6·25전쟁 학도의용군 연구』, 국방부, 2012, 141쪽.
30) 육군본부 직할 독립 제1유격대대가 공식적으로 창설된 것은 국본 일반명령(육) 제72호(1950. 9. 18.)에 따라 이루어졌다.
31) 육군 군사연구실, 『학도의용군』, 육군본부, 1994, 133쪽.

부대편성 후 제1유격대대는 유격작전에 필요한 교육훈련에 들어갔다. 군수품 보급 순위에서 밀리는 유격대대는 초기에는 개인화기조차 보급을 받지 못한 채 주로 구보, 제식훈련, 극기훈련과 군인정신에 대한 교육을 받았다. 유격전과 특수작전 훈련 때에는 북한군 장교 출신인 박창암 중위와 현역 사병 2명으로부터 지도를 받곤 했다.[32] 훈련과정에서 사격훈련 도중 조교 2명이 사망하는 불행한 사고도 발생했다.[33]

한참 교육훈련을 받고 있던 유격대대에 8월 31일 갑자기 '부산으로 이동하라.'는 육군본부의 명령이 떨어졌다. 무슨 영문인지도 모르고 그날 바로 밀양역에서 기차를 타고 부산진역으로 이동했다. 역에서 내려 도보로 도착한 곳이 부산 문현동에 있는 육군본부였다. 대원들은 육군본부 작전교육국장 강문봉 대령이 발행한 '육본 직할 유격대원'이라는 대원증을 받았다. 이때까지도 이명흠 대대장마저도 왜 부산으로 이동했는지 그 이유를 알 수 없었다.[34]

유격대대는 육군본부 청사 내에서 숙식하면서 9월 1일부터 유격대의 특수임무 수행을 위한 강도 높은 교육훈련에 들어갔다. 이때의 교육훈련은 크게 정신교육과 전술훈련이었다. 정신교육으로는 충성

---

32) 육군 군사연구실, 『학도의용군』, 육군본부, 1994, 133쪽.
33) 조성훈, 『한국전쟁의 유격전사』, 국방부 군사편찬연구소, 2003, 98쪽.
34) 육군 군사연구실, 『학도의용군』, 육군본부, 1994, 134쪽.

심과 애국심 함양을 위한 민주주의 이념과 국가관에 대한 교육을 받고, 전술훈련으로는 유격대 활동에 필요한 병기 조작법, 사격술, 소대 및 분대 공격과 방어, 교량 및 토치카 파괴법 등에 대한 숙달 훈련을 거듭했다. 적지에서 작전할 때 필요하다고 판단하여 북한 출신 오창순 유격대원으로부터 김일성 군가 등 몇 곡의 북한군 군가도 배웠다. 이때 훈련에 이용된 장비와 무기들도 대부분 북한군으로부터 노획한 것들이었다. 유격대원들의 무장은 과거 일본군이 사용했던 무기와 북한군으로부터 노획한 무기들이었다. 미군 무기는 우선 정규전을 수행하는 국군에게 지급함으로써 학도병들에게는 최신 무기가 아닌 노획 또는 구식 무기 등으로 무장시킨 것이다.[35]

---

35) 육군 군사연구실, 『학도의용군』, 육군본부, 1994, 134쪽.

4장

LST 문산호에 승선, 장사 해역으로 이동

4장
LST 문산호에 승선, 장사 해역으로 이동

인천상륙작전 감행 시기가 다가오자, 강문봉 작전교육국장은 9월 12일 오후에 이명흠 대위를 사무실로 조용히 불렀다. 이명흠 대위가 사무실에 들어서자 강문봉 대령은 경례만 받은 후 아무런 말도 하지 않고 5만분의 1 지도를 그의 책상 옆에 놓여있던 커다란 회의용 탁자 위에 펴 놓았다. 그리고는 지도를 훑어보고 경상북도 영덕지구 한 지점을 가리켰다. 장사동 해안이었다. 그리고는 낙동강 전선의 동부 쪽의 상황을 설명하고 임무를 부여했다.

"포항지구에 대하여 아군의 공세 작전을 취하기 위해, 귀 부대는 김무정 산하 북한군 제2군단을 견제 또는 약화를 위해 동해안의 장사동에 상륙하여 적의 보급로를 차단하고, 그곳을 거점으로 유격활동을 전개하라."[36]

갑작스러운 명령에 이명흠 대위는 막막했다. 앞으로 맡을 여러 가지 임무를 생각해 봤지만, 한 번도 경험하지 못한 상륙작전은 아예 상상조차도 않았기 때문이다. 겨우 2주 남짓밖에 훈련을 받지 않은

---

36) 육군 군사연구실, 『학도의용군』, 육군본부, 1994, 134쪽.

부대가 장비도 제대로 갖추지 못한 상태에서 적진으로 상륙하는 것은 무모한 작전이라고 항변했다.[37]

강문봉 대령은 현재 전선에 전투 중인 부대에서 도저히 병력을 빼낼 수 없으며, 포항을 압박하고 있는 적 제2군단의 공세를 저지하기 위해서는 기습상륙을 통한 적 보급선 차단이 불가피하다고 강조하며 명령을 거듭했다. 그리고는 조만간 대규모 상륙작전이 있다는 것도 암시하고, 작전명령서를 건네주었다.[38] 이미 육군참모총장 정일권 소장의 이름으로 9월 10일 날짜로 작전명령 제174호(1950. 9. 10.)[39]를 작성해 놓은 상태였다.

군사 극비
< 육본 작명 제174호 >

육군본부 경남 부산, 4283[40](9.10.16:00)

1. (1) 적 약 2개 사단은 포항(1234-1461) 안강(1220-1455) 선을 점령하고 계속 남침을 기도하고 있음.

---

37) 육군 군사연구실, 『학도의용군』, 육군본부, 1994, 135쪽.
38) 육군 군사연구실, 『학도의용군』, 육군본부, 1994, 135쪽.
39) 국가기록원 기록물 513538, 「작전명령 제174호, 경남 부산」.
40) 당시에는 서기가 아닌 단기(檀紀)를 썼는데, 단기 4283년은 서기로 1950년이다.

(2) 아군 제3사단은 차적(此敵)에 대하야 맹렬한 섬멸을 전개하고 있음.
2. 군은 일부 부대를 이동하려 함.
3. (1) 육본 직할 유격대장은 예하 제1대대를 D일 H시 P장소에 상륙을 감행시켜 동대산(1225-1493)을 거점으로 적의보급로를 차단하여 제1군단 작전을 유리하게 하라.
  (2) 세부는 작전교육국장으로 하여금 지시케 함.
4. 행정 사항
  (1) 보급
    가. 제3사단장은 유격대장과의 연락에 성공하면 유격대에 대한 보급을 담당하라
  (2) 후송 및 의료
    가. 제3사단장은 유격대장과의 연락에 성공하면 유격대에 대한 후송 및 의료를 담당하라.
  (3) 수송
    가. 별도 군수국장의 지시를 받아라.
5. 통신 사항
  (1) 제51통신대대장은 좌기(左記) 인원과 기재를 동 유격대대에 파견하라.
    가. 인원 : 선임하사관 1명, 무선통신사 2명(SCR 694 용), 무선통신사 5명(SCR 300 용), 암호병 1명, 무선정비병 1명, 유선가설 병 2명, 계 12명

나. 기재 : SCR 694 1대

(2) 유격대장은 우기(右記) 인원을 장악 지휘하라.

(3) 유격대장은 제1군단 지휘무선망을 경유 육본과 연락하라. 통신 제원은 별도 지시함.

(4) 제1군단장은 우(右) 유격대와 육군본부와의 무선통신을 군단 지휘망을 이용 중계하라. 단 현 군단 지휘망의 변동은 없으며, 단지 우 유격대대와의 군단 지휘망 내 가입뿐이며, 전 대대 호출부호는 XF2임.

(5) 제4항 실시는 전 대대가 P 지점 도착 즉시로 개시하라.

(6) 유격대장은 기타 세부지시를 육본 통신감실에서 수령함과 동시에 항공기와의 연락규정 수령 차 장교 1명을 출두케 하라.

(7) 제1항 기입 이외 필요 통신기재도 통신감실에서 수령하라.

육군총참모장 육군 소장 **정 일 권**

　　작전명령에는 비밀이라는 이유로 언제, 어디로 상륙하라는 구체적인 내용이 없었다. 작전교육국장이 직접 이명흠 대대장에게만 구두로 설명해 주었다. 9월 14일 LST에 탑승하여 다음 날 영덕군 남정면 장사동 해안에 상륙하고, 작전 기간은 9월 15일부터 9월 17일까지이며, 상륙작전 때 아군 함정의 함포지원과 항공기 폭격이 있을 것이라 했다.[41] 그리고는 대원들에게는 배가 출항한 이후에 상륙시간과 장소를 알려주라고 당부했다. 극도의 비밀이 요구되는 작전은 배가 출항한 이후에 지휘관이 대원들에게 작전시간과 장소를 알려주는 것이 상례이다.

이명흠 대대장은 이런 중대한 임무를 맡게 된 것에 우선 무거운 책임감을 느꼈다. 한편으로는 전투를 전혀 경험해보지 못한 학도병들을 데리고 지명도 생소한 장사동이라는 곳에 상륙작전을 감행한다는 것이 걱정되었다. 하루가 다르게 전세가 불리하게 흐르는 상황에서 작전을 지체할 시간이 없다는 것을 알고 육군본부에서 나와 곧바로 훈련 중인 유격대원들에게 달려갔다.

이명흠 대대장은 유격대대원들을 집합시켜 오늘 중으로 작전을 위한 출동준비를 하라고 지시했다. 대대원들은 무슨 작전인지 모른 채 대대장의 지시에 따라 제1군단으로부터 1인당 3일분에 해당하는 건빵 및 미숫가루, 토치카 파괴용 폭약 및 탄약 등을 보급받았다. 대원 중 일부는 정규 군인처럼 전선으로 나간다는 상기된 모습이었지만, 일부는 긴장하고 두려워하는 얼굴이었다. 출동준비는 하루 만에 끝냈다.[42]

---

41) 육군 군사연구실, 『학도의용군』, 육군본부, 1994, 136쪽.
42) 육군 군사연구실, 『학도의용군』, 육군본부, 1994, 136쪽.

출항 이전 유격대대는 작전적 목적으로 임시적 부대로 재편성했다. 기만작전의 성격상 유격대 대대를 '사단'으로 격상하고, 이미 편성된 4개 중대의 각 중대를 '연대'로 불렀다. 제1중대는 제28연대, 2중대는 제29연대, 3중대는 제32연대, 5중대는 제37연대로 했다. 지휘관들에게는 모두 임시 계급을 부여했는데, 이명흠 대위는 '임시 소장' 계급을 달았고, 중대장들도 임시 대령 또는 중령 계급을 부여받았다.[43]

출동에 앞서 9월 14일 오전, 육군본부는 연병장에서 출정식을 거행했다. 인천상륙작전에 참가하는 부대들은 보안을 유지하며 조용히 빠져나갔지만, 유격대대는 정일권 육군참모총장을 비롯한 육군본부의 고위 장교들이 참석하는 가운데 출정식을 외부에 공개했다. 출정식이 끝나자 유격대대는 육군본부에서 점심을 하고 트럭에 탑승하여 부산항 4부두로 이동했다. 이때도 일부러 대낮에 큰 도로를 따라 이동하면서 시민들의 환송까지 받았다. 마치 대규모 사단급 부대가 출전한다는 것처럼 의도적으로 연출했다. 대대원들은 출동에 앞서 머리카락, 손톱, 발톱 등 일부를 잘라서 봉투에 넣어 육군본부에 보관해두었다.[44]

기만연출은 부두에서도 있었다. 부두에는 미군 병력도 있었는데, 유격대대는 승선 선박을 LST(상륙함) 문산호로 배정받은 후 미군과

---

43) 육군 군사연구실, 『학도의용군』, 육군본부, 1994, 136-137쪽.
44) 육군 군사연구실, 『학도의용군』, 육군본부, 1994, 137쪽.

번갈아 승선, 하선을 여러 차례 반복하라는 명령을 받았다. 대원들은 무슨 영문인지도 모르고 지휘관이 지시한 대로만 따랐다. 이런 행동도 출동하는 부대가 한국군 병력뿐 아니라 미군까지 참여하는 대규모 연합 상륙작전을 감행한다는 것을 적에게 노출하기 위함이었다.[45]

LST 문산호는 항해사 자격증을 가진 민간인 황재중이 선장을 맡고 있었다. 문산호는 정부 산하 대한해운공사에서 관리하던 2,700톤급의 LST로서 전쟁발발과 동시에 징발되어 군사용으로 운용되고 있었다.

LST 문산호에 승선한 인원은 모두 843명이었다. 문산호 승조원 44명, 유격대 772명, 해군 헌병 5명 그리고 육군본부에서 통신 연락을 위해 파견한 제51 통신대 소속의 통신병 12명이 승선했다. 그리고 육군본부에서는 국군 제1사단 12연대장을 역임한 전성호 대령을 전술 고문으로 임명하고 연락병 3명을 붙여 탑승시켰으며, 또 중국군 소장 출신으로 실전경험이 많은 박영선 등 3명의 민간인을 정략 고문으로 임명하여 탑승시켰다. 미 해군에서는 엔디코트함과의 통신과 고문 역할을 위해 미 해군 해리슨 중위와 쿠퍼 상사 그리고 통역관 1명을 문산호에 파견했다.[46]

유격대대의 출동 일자인 9월 14일 전후(前後), 유엔군과 국군의 지휘부를 긴장하고 숨 막히게 만든 일이 발생했다. 다름 아닌 태풍이었

---

45) 육군 군사연구실, 『학도의용군』, 육군본부, 1994, 137-138쪽.
46) 국방부 군사편찬연구소에서 발간한 『6·25전쟁 시 상륙작전』(국방부, 2023)에는 총 승선 인원이 828명으로 기술되어 있다. 이는 통신병 12명을 포함하여 유격대대원을 772명으로 했고, 미 해군 쿠퍼 상사가 승선 인원에서 빠져있다.

다. 특히 바다에서 작전하는 상륙작전에는 태풍이 치명적이다. 통상 8월 말에서 9월 중순까지 태풍 시즌을 맞는 우리나라에 1950년에도 예외 없이 몇 개의 태풍이 연달아 찾아왔다. 태풍 제인(Jane)에 이어 9월 4일 마리아나 제도에서 발생한 태풍 케지아(Kezia)가 일본 규슈 쪽으로 올라오고 있었다.

미 공군기상대의 보고에 유엔군사령부를 비롯한 제7합동부대(JTF 7, 인천상륙작전부대)가 바짝 긴장하기 시작했다. 태풍으로 인천상륙작전이 무산 또는 연기될 수도 있기 때문이었다. 미 공군기상대와 극동군사령부 참모들은 태풍의 진로와 속도를 예의 추적한 결과 9월 12일에서 9월 13일 사이에 대한해협을 통과할 것으로 예측했다. 태풍이 오기 전 출전 함정들이 한반도 서해안으로 출항하면 태풍 진행의 좌측인 가항반원으로 들어감으로써 항해하는 데 문제가 없다고 맥아더 장군에게 보고했다. 이 보고를 받은 맥아더 장군은 9월 11일 제7합동부대 사령관 스트러블(Arthur D. Struble) 해군 중장에게 함정들을 서해안으로 출항시키라고 명령했다.[47] 이런 사전 조치로 제7함대사령관 스트러블 제독이 지휘하는 제7합동기동부대 함정들은 서해안으로 안전하게 이동하여 9월 15일 인천상륙작전을 차질없이 수행할 수 있었다.

태풍 케지아는 예측대로 북상하여 9월 12일 일본 규슈를 강타한 후 9월 13일 대한해협을 거쳐 동해안으로 지나갔다. 중심기압 945

---

47) James A. Field, Jr., 《History of United States Naval Operations, Korea》, 1962, p. 191.

hpa를 기록한 대형 태풍이었다. 이 태풍으로 일본에서는 30명이 사망하고 19명의 실종과 35명의 부상자가 발생했다.

태풍의 영향권 밖에 있는 서해에서는 항해에 문제가 없었지만, 태풍의 영향을 직접 받는 동해에서의 항해는 불가능했다. 다행히 출동 하루 전 9월 13일에 태풍의 중심권이 부산 앞바다를 지나감에 따라 안도의 한숨이 나왔다. 그렇지만 다음날 9월 14일에도 여전히 높은 파도와 거센 바람으로 배가 출항할 수 있는 해상 상태가 아니었다. 특히 바람과 파도에 취약한 LST가 바다로 나간다는 것은 매우 위험한 일이었다.

출항시간을 두고 육군본부와 미 측 간에 신경전이 벌어지기도 했다. 한국의 육군본부는 계획된 시간에 출항하려 했으며, 미 측은 해상 상태가 호전되면 출항하자고 했다. 한시도 지체할 수 없는 동부전선의 위기 상황과 예정대로 진행되고 있는 인천상륙작전 때문에 마냥 출항을 지체할 수 없었다.

마침내 한미간의 의견 합의를 통해 LST 문산호는 9월 14일 오후 계획된 4시에 출항을 강행했다.[48] 앞에서 항해하는 미 해군 엔디코트함[49]의

---

48) 해군본부 전사편찬관실, 『작전경과보고서』 제1권, 해군본부, 190쪽.

49) 육군본부 『학도의용군』, 장사상륙참전유격동지회 『모래톱에 묻힌 충혼』등 책에서는 호위 함정을 영국 구축함 Q-34함으로 되어 있는데, 이는 잘못 알고 기술된 것이다. 미 해군역사·유물사령부 홈페이지에는 USS Endicott가 호위 임무를 했다고 기술되어 있다. (Endicott lent direct fire support to the United Nations troops and on 15 September escorted a Korean LST in a feint attack against Chang Sa Dong. When the LST broached, Endicott stood guard until help arrived.)

호위 아래 부산을 출항하여 오륙도를 지나 영덕해역으로 북상했다.

오륙도를 벗어나기 전까지 대원들 사이에는 목적지에 대한 억측과 소문이 난무했다. 심지어 특수훈련을 받으러 하와이, 제주도, 일본 등지로 간다는 말까지도 나왔다. 이명흠 대대장은 배가 오륙도를 벗어나자 멀미가 오기 전에 대원들을 집합시켜놓고 출항목적, 상륙 장소, 시간을 알려주고는 개인 총기와 장구 등을 점검한 후 휴식에 들어가라고 했다. 대원들은 전쟁터로 출전한다는 것을 이미 각오하고 있었던 터에 별다른 동요가 없었다. 결혼해서 가정을 이룬 몇 명의 대원들은 다른 대원들이 느끼는 감정과는 달랐을 것이다. 최재명 대원이 그때 느꼈던 감정은 이랬다.

"나는 홀어머니, 아내, 그리고 어린 딸을 두고 전쟁터로 나가자니 마음이 착잡했다. 일제 강점기 일본 해군에 징집되면서 전쟁의 실상을 어느 정도 알고 있었지만, 앞으로 무슨 일이 일어날지 아무도 모르는 전장으로 가는 마당에 온갖 생각으로 밤이 깊어도 잠이 오지 않았다. 해군에 있을 때 배에 적응해서 그런지 멀미는 하지 않았다. 바닷바람에 배인 소금 냄새가 코에 스미고, 옷엔 해풍의 습기가 젖어 들었다. 뱃전에 부딪힌 파도가 가루처럼 부서져서 온통 배를 뒤덮을 듯이 흩날리고 있었다. 갑판에 남아 있던 대원들도 모두 자리를 떠나 침실로 들어갔다. 이젠 오직 문산호만 어둠이 짙게 깔린 바닷길을 달려가고 있었다."[50]

---

50) 장사상륙참전유격동지회, 『모래톱에 묻힌 충혼』, 장사상륙참전유격동지회, 1995, 48쪽.

대부분 처음 배를 탄 유격대원들은 부산 앞바다를 지나자 좌우와 앞뒤로 심하게 요동치는 배 안에서 멀미를 하기 시작했다. 동서고금을 막론하고 '해군은 전쟁 때 두 개의 적과 싸운다. 하나는 파도, 다른 하나는 적군이다.'라는 말이 있다. 그만큼 파도로 인한 멀미는 전투보다 더 괴롭다는 뜻이다. 유격대원들은 먹은 음식을 모두 토해내고 배 격실에 축 늘어져 있었다. 그중 멀미에 강했던 유병추 대원은 대대장의 지시로 주기적으로 인원파악을 했다. 혹시 갑판으로 나와 토해내면서 실족하여 바다에 떨어지는 대원이 있을 수 있기 때문이다.[51]

대원들은 파도에 시달리며 뜬눈으로 밤을 보내고 다음 날 9월 15일 새벽 5시경 장사동 해안으로부터 4㎞ 떨어진 해역에 도달했다.[52] 일출 전이라 주위가 어두워 해안이 보이지 않았고, 4~5m의 높은 파도와 20~30노트의 강한 북동풍으로 배가 몹시 흔들렸다. 문산호는 레이더가 설치되어 있지 않아 배의 현재 위치와 육지와의 거리 측정도 할 수 없어 육안과 쌍안경으로 대충 짐작할 수밖에 없었다. 해안 접안을 위한 여건은 하나도 갖추어지지 않았다.

---

51) 유병추 대원 증언, 2025년 7월 31일.
52) 해군본부 전사편찬관실, 『작전경과보고서』 제1권, 해군본부, 190쪽.

5장

LST 문산호, 해안으로 접안 중 암초에 좌초

5장
LST 문산호, 해안으로 접안 중 암초에 좌초

이명흠 대대장도 대원들과 다름없이 멀미에 시달렸다. 그렇지만 그는 작전을 성공시켜야만 하는 지휘관으로서 상륙을 앞두고 밤늦게까지 상륙 장소와 시간, 하선과 상륙 방법 등에 관해 황재중 선장, 전성호 대령과 논의했다.

목표해역에 다다르자 황재중 선장은 함교로 올라와 이명흠 대위에게 알리고 파도와 바람의 세기, 방향을 파악하는 등 해상 상태를 살폈다. 멀미에 시달린 이명흠 대위는 겨우 일어나 몸을 추스르고 흔들리는 몸의 균형을 잡으면서 함교로 올라갔다. 그리고는 함 마이크로 대원들을 기상시키고 "상륙준비"를 명령했다.

아직 해상에는 어둠이 깔려있고, 해안으로 밀려드는 큰 파도와 거센 바람으로 황재중 선장은 배를 해안으로 접안시키는 것이 어렵다고 판단했다. 선장 임무를 수행하면서 부두나 해안 접안 때 겪은 수많은 경험에서 나온 것이었다. 엔디코트함 함장 졸리 중령도 접안을 반대했다.

누구보다 책임감과 애국심이 강했던 황재중 선장은 다소의 위험이 따르더라도 해안 접안을 시도하려 했지만, 이런 상황에서 접안을 시도

하면 실패 확률이 매우 높으니 해상 상태가 호전되면 접안을 하자고 이명흠 대위에게 말했다. 누구보다 극도의 긴장과 초조한 상태에 있던 이명흠 대대장은 선장의 말을 듣고는 화를 크게 내며 큰 소리로 말했다.

"무슨 소리를 하는 거요. 우리는 이 해안으로 상륙을 해야 해요. 잘 아시다시피 한시라도 작전을 지체할 수 없소. 선장님, 저기 어슴푸레 보이는 저 해안으로 즉시 들어갑시다."

"대대장님, 해안 접안에 대한 책임은 선장에게 있습니다. 이런 날씨에 해안으로 들어가면 배가 좌초될 십상이요. 배가 좌초되면 유격대원뿐만 아니라 배 승조원 모두가 적에게 포로가 될 수 있어요."

상식적이고 사리 분명한 선장 말에 말문이 막힌 이명흠 대위는 말로서는 선장을 설득할 수 없다고 판단한 나머지 자신의 권총을 빼 들고 접안을 강요했다.

"선장님, 배가 좌초되어도 대대장 이명흠 대위가 책임지겠습니다. 지금부터 저의 명령을 따르세요. 저기 해안으로 들어갑시다."

할 수 없이 황재중 선장은 승조원들에게 닻 투하 준비 등 접안태세(接岸態勢)를 갖추게 하고 새벽 5시 30분에 뱃머리를 해안으로 돌렸다. LST가 적지에 들어갈 때 포 요원을 배치하여 전투태세를 갖추는 것이 원칙인데, 문산호는 무방비 상태로 들어가야만 했다. 원래 문산호에 장착된 40밀리와 20밀리 함포는 한국에 양도할 때 철거되었기 때문이다.

황재중 선장은 접안에 대비하여 이미 배 아래의 밸러스트 탱크(ballast tank, 평형수)에 바닷물을 적절히 채운 상태였다. 배의 흘수와 균형을 잡기 위해 설치된 밸러스트 탱크는 접안 때는 해수를 채우고, 이안(離岸) 때는 해수를 빼낸다. 그래야만 접안 때 배가 모래 위에 단단하게 고정되며, 이안 때는 배가 떠올라 이탈할 수 있다.

선장은 닻 투하 준비와 함께 배 앞의 문(bow door)을 열고 북동풍의 바람을 고려하여 기관과 방향타를 조종하면서 해변 중앙으로 접근해 들어갔다. 배가 접안을 하면 해안선과의 직각으로 유지하기 위해서 해안에 닿기 전에 배 뒤쪽에 있는 닻을 투하했다. 그런데 거센 바람을 못 이겨 닻줄이 끊어져 배의 선수가 왼쪽으로 홱 돌아가고 해안선과 평행으로 놓이게 되면서 파도와 바람에 배가 남쪽으로 밀려 바닥이 해안에 얹히고 말았다.[53]

〈장사 해변에 좌초된 LST 문산호〉

---

53) 해군본부 전사편찬관실, 『작전경과보고서』 제1권, 해군본부, 190쪽.

6장

빗발치는 적의 총포탄 속에서 해안 상륙

6장
빗발치는 적의 총포탄 속에서 해안 상륙

 선장은 당황하여 얼굴이 파랗게 질렸다. 게다가 승조원으로부터 배 앞쪽 가까이에 암초가 보인다는 보고까지 받았다. 좌초되었다는 선장의 말에 선교에 있던 지휘부도 긴장하며 어찌할 바를 몰랐다. 배가 움직이지 못하면 적에게 표적이 되어 포로가 된다는 생각 때문이었다. 모두는 오직 이 위기를 극복할 수 있는 선장에게만 눈이 쏠렸다. 그에게 신과 같은 전지전능한 능력만을 바랄 뿐이었다.

 선장은 기관 운전과 밸러스트 탱크 안의 물을 빼고 왼쪽으로 기울어진 배를 해안에서 이탈시키려고 안간힘을 썼지만, 자연이라는 거대한 장벽 앞에서는 그의 탁월한 능력도 맥을 못 추었다. 어두웠던 새벽이 점점 밝아오고 있었다. 시계(視界)가 트이자 얼마 멀지 않은 산봉우리가 희미하게 윤곽을 드러내기 시작했다. 바로 이때 희미하게 보이는 고지에서 갑자기 번쩍이는 섬광들이 보였다. 고지에 배치된 북한군들은 마치 문산호를 기다렸다는 듯이 일제히 배를 향해 공격을 개시했다.

 9월 15일 상륙 당시 동부전선에서는 적군과 아군이 형산강을 사이에 두고 대치하고 있었다. 포항과 영덕 지역을 점령한 적군들은 북한군 제5사단으로서 그 병력은 5,500여 명에 달했다. 주력 부대는 대부분 최전선에 배치되어 있었고, 후방 지역의 방어 및 치안 임무는 제101 치안부대가 담당했다. 포항 지역 전투에서 큰 타격을 입은 북한군 제5사단 제12연대 예하 병력이 주 전선에서 물러나 장사동 일대에 배치되어 있었다.[54]

장사동(長沙洞)은 영덕군 남쪽의 남정면에 있는 하나의 동(洞), 지금의 리(里) 수준의 행정구역이다. 해안가에 형성되어 있는 농어촌 촌락들이 동쪽으로 해안을 끼고, 주변은 작은 산들로 둘러싸여 있다. 배산임수(背山臨水)의 터로서 해안가에는 모래알이 굵고 깨끗하여

〈장사동 마을과 장사 해안 전경〉

---

54) 육군 군사연구실, 『학도의용군』, 육군본부, 1994, 142쪽.

〈장사동 마을 북쪽에 있는 부흥동 마을 전경〉

사람의 몸에 붙지 않는 긴 모래사장이 펼쳐져 있다.

장사동은 포항에서 북쪽으로 26Km, 영덕에서 남쪽으로 15Km 거리에 있으며, 국군 제3사단이 1950년 8월 17일 해상철수를 단행했던 포항시 송라면 독석리 해안에서 북쪽으로 7km 떨어져 있다. 장사동 북쪽에는 부흥동 고지, 남쪽에는 지경동 고지가 있는데, 해발 200m의 양쪽 고지에는 북한군이 방어진지를 구축하고 있었다.

방어와 공격에서 유리한 위치를 선점한 북한군은 상륙 장소로서 적합한 이곳 해안에 대한 경계를 한층 집중해 왔었다. 북한군은 해상에서 새어 나오는 불빛들을 관찰하고는 유엔군 또는 국군이 상륙하는 것으로 알고 사격 거리 내로 배가 접근하자, 박격포와 기관총으로 집중포화를 가한 것이다

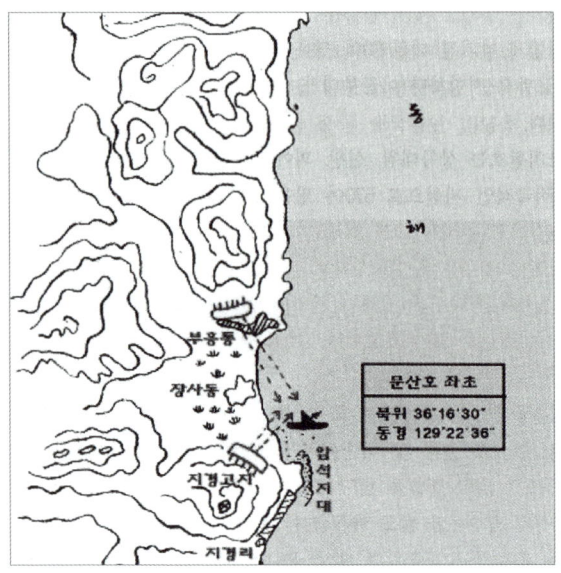

〈적군의 고지 배치와 LST 문산호 위치〉[55]

　적의 총포탄에 맞아 쓰러지는 승조원과 유격대원들이 발생했다. 이때 박격포 포탄 한 발이 선장이 통제하는 선교 쪽에 떨어졌다. 이명흠 대대장은 전성호 대령, 해리슨 중위 등과 함께 선교에서 지도를 펴놓고 상륙지점을 살피고 있었는데, 포탄의 파편으로 몇 명의 사상자가 발생했다. 사상자 중 전성호 대령은 넓적다리에 파편을 맞고 과다출혈로 전사하고 말았다. 전성호 대령[56]은 항일투쟁에 헌신한 독

---

55) 해군본부 전사편찬관실, 『대한민국 해군사』 작전편 제1집, 해군본부, 126쪽.
56) 전성호 대령은 전사 1주기인 1951년 9월 15일에 육군 준장으로 추서되었다.

립운동가였으며, 해방 후 육군사관학교 1기로 들어가 임관한 후 국군 제1사단 제12연대장을 역임한 전술에 해박한 군인이었다.

　전성호 대령이 전사하고 선교마저 파손되자 이명흠 대대장은 마음이 더 초조해졌고, 이 위기를 타파할 수 있는 길은 오직 해안으로 탈출하는 수밖에 없다고 판단했다. 이명흠 대위는 대대원들에게 선수 쪽을 통해 상륙하라는 "상륙개시" 명령을 내렸다. 황재중 선장은 대대원들의 상륙을 위해 선수에 있는 램프(ramp)[57]를 내렸다.
　명령을 받은 대대원들은 선수 쪽으로 다가갔지만, 선수 램프에서 해안까지 이르는 바다의 수심이 깊어 건너가기가 어려웠다. 이명흠 대대장은 "적의 병력이 1개 중대뿐이니 대대 병력이 적을 보고 싸우지 못한다면 어찌할 것인가." 하면서 상륙을 다그쳤다. 대원 5, 6명이 상륙하려 선수 램프에 도착하자마자 큰 파도가 들이닥쳐 순식간에 파도와 함께 바다로 빨려 들어갔다. 이렇게 되자 대대원들은 상륙을 주저하며 뒤쪽으로 물러섰다. 더욱이 총기, 탄약, 장구, 식량을 지참한 상태로 수영으로 건너는 것은 도저히 엄두를 내지 못하는 상황이었다.[58]

---

57) 선수 램프(bow ramp)는 선수 문(bow door)가 열리고 나면, 전차, 차량 등이 건너갈 수 있도록 만든 철판 다리이다. 기계식 또는 전기식으로 램프를 작동하여 해안에 닿게 하여 전차, 차량 등이 드나들게 하는 기능을 한다.
58) 국방부 군사편찬연구소, 『6·25전쟁 학도의용군 연구』, 국방부, 2012, 149-150쪽.

진퇴양난에 처한 이명흠 대대장은 배의 밧줄을 백사장 가에 있는 소나무에 연결하여, 그 밧줄을 잡고 상륙하는 방법을 생각해 냈다. 밧줄 작업에 나설 대원을 찾았다. 용감한 대원 7명이 손을 들고 나섰다. 이들은 적의 사격이 약화한 틈을 이용하여 맨몸으로 밧줄과 연결된 가벼운 줄을 잡고 바다로 뛰어들었다. 그런데 밀려오는 파도 주기를 무시하고 무작정 뛰어드는 바람에 쓸려나가는 높은 파도에 해안가에서 더 멀어져 바닷속으로 사라지고 말았다. 이를 지켜본 문산호 선원 갑판사들이 나섰다. 이들은 밧줄을 잘 다룰 줄 알고 파도의 특성을 잘 알아 자신이 있었기 때문이다. 파도가 밀려드는 때를 맞추어 바다로 뛰어들어 파도에 떠밀려 해안가로 나와 모래사장의 소나무에 밧줄을 동여맸다.[59] 그리고는 배에서 해안가로 던진 히빙라인(heaving line, 던짐줄)[60]에 연결된 밧줄 2개를 끌고 가서 추가로 소나무에 매었다. 밧줄 작업 중 몇 명의 선원이 전사했다.

　문산호와 소나무 간 4개의 밧줄이 연결되자 이명흠 대대장은 또다시 "상륙개시" 명령을 내렸다. 제1중대부터 순서대로 상륙하라 했다. 우선 선수 갑판에 연결된 밧줄을 타고 30m 정도 떨어진 해안으

---

59) 국방부 군사편찬연구소, 『6·25전쟁 학도의용군 연구』, 국방부, 2012, 150쪽.
60) 배를 부두계류 또는 해안 접안 시 밧줄을 부두 또는 접안 해안으로 건네주기 위해 먼저 던져주는 가벼운 줄인데, 끝에 추(錘)가 달려 있다. 부두에 있는 사람이 이 줄을 잡으면 배에서 이 줄과 밧줄을 연결해 주고 부두의 사람이 이 줄을 당겨 밧줄을 끌어들인다.

로 건너가야 했다. 총기와 탄약 그리고 3일 치 식량을 가지고 밧줄을 타고 이동한다는 것이 여간 어렵지가 않았다.

이런 와중에 적의 지속적인 집중포화로 문산호 오른쪽 기관실에 포탄을 맞아 바닷물이 배 안으로 들어왔다. 배의 엔진과 발전기의 운전까지 멈춰지는 최악의 상태에 이르렀다. 문산호 선원들은 기관실로 들어가 펌프로 물을 빼내는 작업을 필사적으로 임했지만, 속수무책이었다. 심지어 조타기까지 손상이 되어 완전히 운전 불능상태가 되었다.

이때 박격포 포탄 한 발이 또 선교를 강타했다. 적들은 선교를 중점으로 집중타격을 가한 것이다. 선교에서 배를 끝까지 살려보려고 애쓰던 황재중 선장 등 선원 몇 명[61]이 파편에 맞아 즉사했다. 설상가상으로 모래에 얹힌 배는 거센 풍파에 남쪽으로 더 밀려 아침 6시 10분경 선수가 암초(暗礁)에 완전히 들이받혔다. 이제는 더 꼼짝달싹할 수 없는 상황이 되어버렸다. 사실 모래에 좌초된 배라면 바닷물이 들어올 때를 맞추어 밸러스트 탱크 물을 빼고 부력을 올려 엔진을 사용하여 해안에서 이탈할 수 있다. 그런데 암초에 좌초되면 스크루 등 배 전체가 망가져 운항 불가 상태가 된다.

---

[61] LST가 작전 또는 항해 중에는 통상 함장, 당직사관, 신호사, 조타사, 기관전령사 등이 함교에 위치한다. 함장의 지휘하에 당직사관은 함장의 명령을 받아 집행하고, 신호사는 인근 함정과의 신호전달을 위한 신호기류를 취급하고, 조타사는 당직사관의 명령에 따라 조타기를 돌려 배의 방향을 잡으며, 기관전령사는 당직사관의 명령에 따라 전령기를 통해 기관실에 배의 속도를 지시한다.

이런 상황에서도 대원들의 상륙은 중대 순서대로 이루어졌다. 이명흠 대대장의 독촉으로 제1중대 대원들은 결사적으로 밧줄에 의지하여 해안가로 건너갔다. 바닷물에 잠겨 있는 밧줄 중간을 지나갈 때 파도에 휩쓸려 간 대원들과 적의 사격으로 죽어가는 대원들이 발생했다. 제1중대의 배수용 대원은 그때 긴박한 상황에 대해 이렇게 회고하고 있다.

"내가 7번째로 밧줄에 의지한 채 바다로 뛰어내렸다. 먼저 뛰어내린 대원들이 밧줄을 놓쳐 파도에 휩쓸려 배 밑으로 들어가는 것을 보고 파도가 해안으로 밀고 올 때 뛰어내려야 한다고 생각하여 밧줄을 잡고 바다에 몸을 던졌다. 죽을 힘을 다해 해안에 닿았지만, 앞산 능선에서 퍼붓는 총탄 때문에 손으로 모래를 파내 참호를 만들어 잠시 피한 후 다리에 통증을 느꼈지만, 아파할 겨를도 없이 엎드려서 좌우 방향만 보고 응사했다. 상륙 이후 양쪽 넓적다리 부분에 적의 박격포탄 파편이 박혔다는 사실을 알게 되었다. 조금 지나니까 아군의 함포사격과 비행기의 폭격으로 적군의 사격이 줄어들기 시작했다."[62]

사실 상륙시간 문제를 두고 문산호에 탑승해 있던 주요 간부들 간에 격렬한 언쟁이 있었다. 전술 고문 전성호 대령과 미 해군의 해리슨 중위는 날이 밝아오면 엔디코트함[63]의 함포 지원 아래 상륙하자고 했다. 그런데 이명흠 대대장은 날이 밝기 전에 상륙해야만 적에게

---

62) 배수용, 『학도병 회고(장사상륙작전 외)』, 2014.
63) 엔디코트함은 함포 5인치 4문, 40밀리 2문, 20밀리 7문으로 무장해 있었다.

노출이 안 된다는 이유로 상륙을 강행한 것이다.

　제1중대에 이어 제2중대가 상륙을 개시할 즈음 날이 밝아왔다. 이때서야 해리슨 중위는 통신기로 포탄이 날아오는 고지를 알려주면서 엔디코트함에 함포 포격을 요청했다. 날이 밝기 전에는 어디에서 포탄이 날아오는지를 알 수 없었기 때문에 포격요청을 할 수 없었다. 엔디코트함은 해리슨 중위의 탄착지점과 탄착수정 정보를 토대로 5인치와 40밀리 함포로 고지를 향해 포격을 가했다. 그런데도 적들은 상륙하는 유격대원들을 향하여 사격을 계속해 왔으며, 시간이 지남에 따라 적의 화력은 점점 약해져 갔다.[64]

〈함포를 발사하는 미국 해군의 엔디코트함〉

---

64) 이규호 증언, 2024년 5월 21일.

양쪽의 산에서 쏘아대는 적의 총포탄을 뚫고 상륙한다는 것은 목숨을 아예 던진 것이나 다름없었다. 대원들은 산더미 같은 파도에 의한 물벼락을 맞아 바닷물을 먹어야 하는 고역도 함께 치러야 했다. 해안으로 건너는 도중 일부 대원들은 파도에 휩쓸려 실종되고, 대원 몇 명은 밧줄을 타고 내려가다가 바다에 빠져 파도에 밀려 배 밑으로 들어가 나오지 못하는 참사도 벌어졌다. 당시 아찔한 순간을 경험했던 유병추 대원의 증언이다.

"우리 3중대 차례가 되어 나는 밧줄을 타고 내려갔는데, 갑자기 큰 파도가 내리치는 바람에 바다에 빠져 배 밑으로 들어갔다. '이제 끝났구나.' 생각하는 순간 이번에는 파도가 해안으로 떠밀어주어 내 몸이 해변에 닿을 수 있었다. 이때 대원들이 가져나온 탄약도 대부분 바다에 유실되었다. 그런데 용케도 살아남은 대원들은 해안의 모래를 밟을 수 있었지만, 가지고 나온 총이 바닷물에 젖고 총구에 모래가 들어가 사격이 되지 않는 경우도 발생했다."[65]

제일 마지막 제5중대 대열에 낀 이기일 대원도 밧줄을 잡고 해변으로 향했다.

"밧줄을 타고 빠르게 내려갔는데, 손이 다 까졌다. 아프다는 생각

---

65) 유병추 증언, 2024년 5월 17일.

보다는 뜨겁다는 느낌을 받았다. 그런데 중간에 밧줄을 놓쳐 바다에 떨어졌다. 배낭이 물에 젖어 몸을 가눌 수가 없었다. 헤엄쳐서 1~2m를 겨우 나아가면 한 번의 파도로 3~4m씩 뒤로 밀려났다. 배낭을 버리고서야 겨우 해변에 도달할 수 있었다. 손에 쥔 소총은 모래가 들어가 작동하지 않았다. 마침 미국 해군의 군함에서 지원 포격이 쏟아졌다. 내가 해변에 도달했을 때가 아침 8시쯤 되었을 것이다. 배낭은 물속에 있고 들고 있는 총도 작동이 안 돼서 버렸다. 적의 사격이 사라진 후 버려진 다른 총을 주워 백사장을 벗어나 목표인 200고지를 향해 올라갔다."66)

당시 상황에서 죽고 사는 것은 시운(時運)과 적의 총탄에 달려 있었다. 상륙시간을 자신이 정할 수도 없으며, 날아오는 총탄을 볼 수도 없고 피할 수도 없기 때문이다. 신출귀몰한 행동이나 용맹성도 아무런 도움이 되지 않았다. 이규호 대원의 회고에서도 전쟁터에서의 삶과 죽음에 대해 적나라하게 드러나 있다.

"제1중대에 이어 제2중대 차례가 되어 제2중대 1소대에 소속된 나는 화기 분대(BAR 기관총) 사수로서 기관총을 메고 대원들과 상륙하기 위해 배의 선수로 이동하던 중 앞에 있던 박광호 대원이 LST 선상에서 허벅지에 총탄을 맞아 쓰러졌다. 그를 부축하여 배의 의무실로 데려다 놓고 다시 상륙을 위해 선수로 나갔다. 2중대에서 배에 남아

---

66) 이기일 인터뷰, 경인일보 조경욱 기자, 2025년 6월 22일.

있는 대원은 나뿐이었다. 배가 출항할 때부터 아버지의 말씀을 새기며 죽고 사는 것은 하늘에 맡기고 전투할 때 선두에 서겠다는 각오를 다지곤 했다. 총탄이 쏟아지는 가운데 선수 램프 쪽으로 이동해서 밧줄을 타기 위해 다가설 때 누군가 싸놓은 똥을 밟아 미끄러져 배 밖으로 떨어지고 말았다. 다행히 해안과 연결된 밧줄에 겨드랑이가 걸려 해상에 떨어지지 않고, 그때 마침 파도가 밀어주는 바람에 해안가에 다다를 수 있었다."[67]

대대원들이 해안에 완전히 상륙하기까지는 마치 지옥의 불을 건너는 것과 같이 두 번의 고비를 넘겨야 했다. 마치 곡예사가 곡예를 하듯이 배에서 밧줄을 잡고 해안으로 건너는 일과 쏟아지는 비를 피하듯이 해안에서 쏟아지는 총탄을 피해 모래사장을 벗어나는 일이었다. 운 좋게 배에서 해안에 닿은 대원들은 또 다른 지옥의 불을 헤쳐나가야 했다. 계속 쏟아지는 적의 총탄을 피하는 것은 운에 맡길 수밖에 없었다. 대원들 일부는 모래 위에서 쓰러져 모래를 붉게 물들였다.

대원들은 적의 총탄을 피할 목적으로 손으로 모래를 파서 엄폐호를 만들거나 소나무에 기대어 잠시 피신하기도 했다. 4개 중대 모두 해안으로 상륙을 완료한 시간은 오전 9시경이었다.[68] 해안으로 상륙하던 중 희생된 대원이 상륙 이후 며칠간의 지상 전투에서 잃은 대원보다

---

67) 이규호 증언, 2024년 5월 21일.
68) 해군본부 전사편찬관실, 『작전경과보고서』 제1권, 해군본부, 190쪽.

더 많았다. 60여 명의 전사자와 90여 명의 부상자가 발생한 것이다.[69]

상륙이 완료되자 이명흠 대대장은 전마선을 불러 현 상황 보고 겸 부상자 치료를 위해 20명의 부상자와 헌병을 태워 엔디코트함으로 보냈는데, 이동하던 중 거센 풍파에 못 이겨 전마선이 전복되는 바람에 9명의 대원이 바닷물에 빠져 실종되고 말았다. 전마선에 비치된 통신기와 발광신호기마저도 바다에 빠져 미 함정과 연락 두절 상황이 되어버렸다.[70]

한편 문산호에 편승한 미 해군 쿠퍼 상사는 문산호 좌초 등 상황을 부산에 있는 해군본부에 무전으로 보고했다. 오전 9시 29분[71]에 보고를 접수한 해군본부에서는 비상대책을 세우느라 분주해지기 시작했다. 해군본부에는 한국해군사령관(CTG 95.7)[72]인 미 해군 루시(Michael J. Luosey) 대령과 해군본부 참모들이 있었고, 해군참모총장 손원일 제독은 한국해병대와 함께 미국 수송함 피카웨이함(Picaway, APA 222)에 승함, 인천 해상에서 "상륙개시" 명령을 기다리고 있었다.

이 시각 서해에서는 인천상륙작전이 원활하게 진행되고 있었다.

---

69) 국방부 군사편찬연구소,『6·25전쟁 학도의용군 연구』, 국방부, 2012, 152쪽.

70) 해군본부 전사편찬관실,『작전경과보고서』제1권, 해군본부, 191쪽.

71) United States Naval Institute, "War Diary of ROK Navy and Commander Naval Forces South Korea(1950-1953)", Annapolis, Naval Institute, 15 September 1950.

72) 제95부대사령관(CTF 95) 예하의 한국해군사령관(CTG 95.7)은 미 해군 루시 대령이 맡았으며, 한국해군참모총장(CTG 95.70) 손원일 소장의 고문관 역할도 수행했다. 한국전쟁 중 한국해군 작전은 한국해군참모총장의 명령으로 이루어졌다. (오진근·임성채 공저,『손원일 제독』, 한국해양전략연구소, 2006, 367쪽.)

아침 5시 45분 함포 지원함, 로켓함, 해군 항공기의 포격·폭격과 함께 상륙작전이 개시되어 태플리트(R. D Taplet) 중령의 미 제5해병연대 제3대대가 아침 6시 33분 월미도에 상륙하는 데 성공했다.

"포로 45명, 적의 저항은 경미함"

태플리트의 첫 보고에 맥아더 장군은 활짝 웃으면서 참모들에게 말했다.

"됐습니다. 자 이젠 커피나 한잔합시다."

문산호 좌초상황을 접한 해군본부는 해본작명갑 제145호로 명령을 내려 문산호 구조를 위해 9월 15일 12시 진해에 정박 중인 한국해군의 예인함 LT-1함(인왕)을 현장으로 긴급히 출동시켰다. 아울러 루시 대령은 부산에 정박 중인 미 육군 예인함 LT-636함(Charles Roy 선장)을 차출하여 미 육군 상륙훈련센터에서 근무경력이 있었던 미 육군의 스피어(Frank Spier) 소령을 편승, 11시 30분에 출항시켜 현장으로 보냈다. 당시 미 육군은 작전 편의를 위해 자체적으로 보조함정을 운용하고 있었다. 이날 한국해군의 소해정 JMS-304정(태백산)도 문산호 구조를 위해 장사 해안으로 향했다.[73]

---

73) 임성채, 『6·25전쟁과 한·미 해군작전』 상권, 해군역사기록관리단, 582쪽.

〈왼쪽부터 도일 제독, 라이트 장군, 맥아더 장군, 알몬드 장군〉

7장

유격대원들의 결사적 고지탈환 작전

7장
유격대원들의 결사적 고지탈환 작전

가장 먼저 해안에 상륙한 제1중대는 곧바로 전방에 있는 200고지 정면으로 올라가 문산호에 대해 맹렬한 사격을 가하는 적의 토치카를 공격했다. 쌍방 간 치열한 사격전에 이어 수류탄 투척 등 접전(接戰) 상황까지도 이르게 되었다. 전투 중 제1중대장 이영훈 소위가 적의 총탄에 맞아 전사했다. 이를 목격한 대원들은 과감하게 적진을 향해 돌진해나갔다. 마침내 오전 9시경 적 토치카 3개소를 파괴하고 고지를 점령하는 데 성공했다.[74] 이때는 4개 중대 모두가 해안으로 상륙을 완료한 상태였다.

이런 성공에는 미 해군 엔디코트함의 함포사격[75]과 미 항공기의 폭격이라는 전투력의 힘이 있었다. 그렇지만 안타까운 일은 제1중대에서 희생자가 가장 많이 나왔다는 것이다. 이는 해안 상륙 초기부터 함포와 항공기 지원을 받지 못했기 때문이다.[76]

---

74) 육군 군사연구실, 『학도의용군』, 육군본부, 1994, 140쪽.
75) James A. Field, Jr., 《History of United States Naval Operations, Korea》, 1962, p. 212.)
76) 이규호 증언, 2024년 5월 21일.

제1중대에 이어 해안에 상륙한 제2중대는 함포지원과 항공 포격의 엄호 아래 200고지 우측으로 돌아서 이 일대에 구축된 적의 해안 방어진지를 무력화하고 고지를 향해 올라갔다. 이때에도 미 항공기가 또 날아와서 폭탄을 투하하고 날개에 달아 온 10여 개의 휘발유 통을 적진에 떨어뜨렸다. 고지에 붙은 불이 순식간에 산 전체로 퍼지자 적들은 산 아래로 도망치기 시작했다. 이규호 대원 등 10여 명의 대원은 고지로 올라가서 기관총으로 도망가는 적들을 향해 사격했다. 그 당시 산에는 나무들이 많지 않아 총탄에 쓰러져 가는 적군들을 직접 볼 수 있었다. 고지에는 신원 미상의 시체 3구가 있었고, 뜨거운 열기를 내 품고 있는 수냉식 기관총이 그 옆에 버려져 있었다.[77]

　　200고지 정상에서 밀려난 적들은 이 고지의 후사면과 다른 200고지에서 저항하고 있었다. 이명흠 대대장은 200고지에 지휘소를 차리고 대대 전열을 정비한 후 3개 중대는 3개 방면의 공격을 담당하고, 제5중대는 예비중대로서 지원 또는 엄호사격을 담당하며 조직적으로 공격해 들어갔다. 적들은 고지를 끝까지 사수하려는 듯 완강하게 버티고 있었다. 그러나 점점 좁혀지는 유격대의 포위망 속에서 더 견디지 못하고 서남쪽으로 패주하기 시작했다. 마침내 오후 3시경 장사동 해안의 주요 거점인 200고지 두 곳을 완전히 점령했다. 문산호가 장사동 해역에 도착한 후 무려 10시간의 사투 끝에 이룩한 쾌거였다.[78]

---

77) 이규호 증언, 2024년 5월 21일.

고지를 점령한 후 이명흠 대대장은 작전 결과를 보고하기 위해 무전병에게 육군본부와의 무전 연락을 지시했다. 그런데 무전기 고장으로 연락을 시도할 수 없었다. 유격대는 적 점령지 안에서 고립된 상태로 있었지만, 일단 목표한 지역에 상륙하여 교두보를 확보하는 데 성공한 셈이다. 해안에 상륙할 때 유격대는 일방적인 피해를 봤지만, 상륙한 이후 교두보를 확보하는 지상전에서는 전과가 컸다. 적 사살 39명, 포로 3명 그리고 토치카 9개소를 파괴했으며, 직사포 2문, 지프 차 1대, 기관총 45정, 로켓포 1문, 따발총 5정, M1 소총 9정, 소련제 장총 12정, 박격포 1문을 노획했다. 우리 측에서는 이영훈 중대장 등 23명이 전사하는 손실이 있었다.[79]

유격대대는 교두보를 확보하고 적의 방어거점을 점령한 후 곧바로 장사동 일대에서 저항하는 적을 소탕하는 작전을 펼쳤다. 몇 차례의 총격전이 있었지만, 장사동 일대를 점령, 확보하는 것은 어렵지 않았다. 함포사격과 항공기 폭격으로 장사동 해안의 방어진지가 파괴되고 대부분 적이 도주했기 때문이다.[80]

유격대원들은 200고지에 방어진지를 구축하고 야영준비를 서둘렀다. 어둠이 깔릴 때 비가 쏟아지기 시작했다. 산 중턱에서 2m 간격

---

78) 육군 군사연구실, 『학도의용군』, 육군본부, 1994, 140쪽.
79) 국방부 군사편찬연구소, 『6·25전쟁 학도의용군 연구』, 국방부, 2012, 153쪽.
80) 육군 군사연구실, 『학도의용군』, 육군본부, 1994, 141쪽.

으로 개인 참호를 만들어 진지를 마련한 대원들은 혹시 있을지도 모를 적의 야간공격에 대비 경계 근무를 시작했다. 피로와 굶주림에 졸음이 엄습하여 대원들은 줄기차게 내리는 비속에서도 하나둘씩 졸기 시작했다. 어디선가 갑자기 총소리가 났다. 대원들은 눈을 뜨고 조건반사적으로 사격을 시작했다. 잠시 후 "사격중지"라는 소리가 들렸다. 알고 보니 대원 중 한 명이 졸면서 오발을 한 것이다.[81]

밤 10시경 적의 공격으로 한 차례의 교전이 벌어졌다. 대원들은 각자의 참호에서 사격 방향을 서로 조정해가면서 적을 물리쳤다. 날이 밝은 후 확인해 보니 8명의 적이 사살되었고, 다수의 장비와 무기들이 흩어져 있었다.[82]

9월 15일 하루는 새벽부터 밤까지 계속된 전투로 너무 길었다. 다음날 날이 밝아오자 이명흠 대위는 유격대원들을 집합시켜 현 상황과 차후 작전을 설명했다.

"북한군은 장사동을 지나가는 동해안의 7번 국도를 통해 남쪽으로 군수물자를 운반하고 있다. 그래서 우리 유격대가 수행해야 할 작전은 7번 국도상에 있는 교량들을 TNT로 폭파하여 적의 보급로를 차단하고, 적 탱크의 통행을 저지시키는 것이다."

---

81) 국방부 군사편찬연구소, 『6·25전쟁 학도의용군 연구』, 국방부, 2012, 153-154쪽.
82) 국방부 군사편찬연구소, 『6·25전쟁 학도의용군 연구』, 국방부, 2012, 154쪽.

잠깐 뜸을 들이고는 대대장은 다시 말을 이어갔다.

"이 임무는 우리에게 대단히 중요한 일이다. 이 특수작전에 참여하고 싶은 대원은 앞으로 나오라."

위험하고 특수한 일에 일방적으로 대원을 지정할 수 없었다. 2중대에서 3명, 3중대에서 3명의 자원자를 받기로 했다. 제2중대에서 이규호 대원 등 3명, 제3중대에서 김영재 대원 등 3명이 망설임 없이 앞으로 나왔다. 이런 임무는 TNT 폭파에도 능하고 담력도 있어야 했다. 이명흠 대대장은 6명을 2개 팀으로 편성하여 이규호 대원 팀에게는 포항시 쪽의 교량, 김영재 대원 팀에게는 영덕읍 쪽의 교량을 폭파하는 임무를 부여했다. 그리고 각 중대에는 7번 국도상의 주요 거점에 매복 배치하여 적의 보급로를 차단하라고 지시했다.[83]

유격대 본연의 임무가 모처럼 발휘되는 작전이었다. 각 팀은 적들에게 발각되지 않게 매복과 접근을 반복해 가면서 7번 국도상에 있는 교량으로 이동하여 TNT를 폭발시켜 각각 한 개의 교량을 파괴하는 데 성공했다. 나머지 중대원들은 7번 국도와 연한 주요 거점에 잠복 배치하여 적 2군단의 보급 활동을 저지하는 임무를 펼쳤다.[84] 교량 폭파에 자원한 이규호 대원은 그때의 일을 생생하게 기억하고 있다.

---

83) 이규호 증언, 2024년 5월 21일. : 김영재 회고, 『학도병 회고(장사상륙작전 외)』, 2014.
84) 이규호 증언, 2024년 5월 21일.

"적군들이 패주한 후 나는 중대원들과 7번 국도변에 매복하여 인민군 2군단의 보급로 차단과 야간에 산발적으로 공격해 오는 적군을 격퇴하는 작전에 참전했다. 7번 국도 아래 집이 여러 채 있었는데. 집을 수색하던 중 다락에 숨어 있던 중국 팔로군 출신 병사(북한군 제44사단 소속)를 포로로 잡아 심문했다. 그 포로는 국군이 이곳으로 상륙한다는 것을 이미 알고 있었다고 진술했다. 식량이 바닥나자 우리는 민가에 가서 삶아놓은 보리쌀을 고추장에 비벼 먹고, 밭에 가서 익지 않은 농작물을 날것으로 먹으며 굶주린 배를 채웠다. 그리고는 나는 다른 특수임무를 부여받고 대원 두 명과 함께 TNT를 가지고 포항시 방향의 7번 국도 교량들을 폭파하는 작전에 나섰다."[85]

일부 대원들은 고지를 점령한 다음 날 9월 16일부터 공산 치하에서 기만당해 왔던 주민들을 대상으로 선무활동을 개시했다. 처음에는 주민들이 당황하며 유격대원들을 꺼리다가 정체를 알면서부터 적극적으로 협조해주었다. 주민들의 협조는 유격대가 각처에 산재한 적들을 소탕하는 데 큰 힘이 되었다. 아울러 유격대는 인근의 장사동 지서를 접수하여 수감 중인 애국청년 8명을 석방하고, 군수와 청년단장을 임명하는 등 일부 지역 행정력도 장악했다.[86]

---

85) 이규호 증언, 2024년 5월 21일.
86) 육군 군사연구실, 『학도의용군』, 육군본부, 1994, 141-142쪽.

한편 문산호 구조를 위해 급파된 LT-1함과 LT-636함은 9월 16일 아침 7시 현지에 도착하여 문산호 구조에 착수했다. 이때 생존해 있던 36명의 문산호 선원도 구조작업에 참여했다. 선원들은 문산호가 좌초된 후 9월 15일 유격대대와 함께 고지점령 전투에 참전하고 다음 날 아침 구조함이 현장에 도착하자 고지에서 내려와 구조작업에 협력했다. LT-1함은 암초에 좌초된 문산호를 도저히 구조할 수가 없다고 판단하여 이날 일몰 즈음에 현지에서 이탈하여 부산으로 철수했다.[87] 9월 16일 구조차 현장에 도착한 한국해군의 JMS-304정도 시계 불량과 풍랑으로 문산호의 위치조차 발견하지 못하고 구룡포로 돌아갔다.[88]

---

87) 해군본부 전사편찬관실, 『작전경과보고서』 제1권, 해군본부, 191쪽.
88) 해군역사기록관리단, 『6·25전쟁과 한국해군작전』, 해군본부, 2010, 287쪽.

8장

적의 대규모 내습과 유격대의 고전(苦戰)

8장
적의 대규모 내습과 유격대의 고전(苦戰)

　유격대대가 장사동에 상륙한 지 사흘째 되는 9월 17일에는 오전부터 적과의 전투가 시작되었다. 이날 전투는 유격대대가 200고지에서 전방 고지로 이동하던 중에 적의 기습사격으로 시작됨으로써 많은 사상자가 발생했다. 산 중턱까지 대형을 갖춰 이동하던 대원들은 적의 기습적인 사격을 받고 혼란에 빠졌다. 앞서가던 대원들이 쓰러지자 후방고지에서 적을 향해 엄호사격을 했으나, 소총으로는 적의 기관총 사격을 당해 낼 수가 없었다. 전방 고지로 향해 진격하던 대원들은 원위치로 퇴각할 수밖에 없었다. 대원들은 상륙 후 식사를 제대로 하지 못해 모두가 허기진 몸으로 기력이 떨어져 있었다.[89]

　유격대원들과 함께하고 있던 쿠퍼 상사는 시간이 지날수록 적군과 대항한다는 것은 더 어려울 것이며, 상륙 때보다 상황이 점점 불리해지고 있다고 판단했다. 해안으로 몰려 모두 포로가 될 수 있다는 위기감까지 느꼈다. 그는 현 상황을 엔디코트함 함장 졸리 중령에게 보고하고, 졸리 중령은 삼척 해역에서 포격 임무를 수행하던 동해안전

---

[89] 국방부 군사편찬연구소, 『6·25전쟁 학도의용군 연구』, 국방부, 2012, 155쪽.

〈1952년 12월 괌에서의 중순양함 헬레나함〉

대사령관 하트만 소장에게 보고했다. 하트만 제독은 어안이 벙벙했다. 작전계획 단계에서 자신의 역할인 함포 포격 임무가 취소되었다는 것을 통보받고는 작전 전체가 취소된 것으로 알고 있었기 때문이다. 헬레나함에 탑승한 하트만 제독은 전대를 지휘하여 삼척 해역에서 이탈하여 112km 떨어진 장사 해역으로 전속력으로 남진했다.[90]

 이날 저녁 7시경 유격대의 정찰 대원으로부터 급보가 들어왔다. 북한군의 2개 연대 병력이 4대의 탱크를 앞세우고 포항 지역에서 북쪽으로 올라오고 있다는 것이다. 이는 장사 해안에 상륙한 아군의 유격

---

90) Ed. Evanhoe,《Dark Moon : Eighth Army Special Operations in the Korean War 》, Annapolis, Naval Institute press, 1955, p. 28.

부대를 섬멸하기 위한 목적임이 분명해 보였다. 급보를 받은 이명흠 대대장은 중대장들과의 신속한 작전협의를 거쳐 방어에 유리한 지역에 대원들을 배치하기로 했다.[91]

제1중대는 125고지 좌측 능선, 제3중대는 219고지 우측 능선에 진지를 구축하고, 제2중대는 1개 소대 병력 40여 명으로 271고지를 경계하고, 나머지 3개 소대 병력은 철수하여 이날 밤 9시까지 200고지의 대대본부에 도착하도록 했다. 각 중대는 맡은 지역으로 가서 땅을 파고 흙을 쌓아 다음 날 새벽 3시경에 진지구축을 완료했다.[92]

한편 9월 17일 부산으로 귀항한 LT-1함은 암초에 단단히 박혀있는 문산호를 구조하는 것은 불가능하다고 해군본부에 보고했다. 이에 해군본부는 "현 상태를 고려할 때 상륙한 부대를 구출하려면 응원부대를 증파하거나 철수하는 것이 타당함"이라고 유엔군과 육군본부에 통보했다.[93] 그리고는 유격대원들을 철수하기 위한 LST 차출에 들어갔다.

한편 이날 미국 구조함 볼스터함(Bolster, ARS-38)과 예인함 LT-636함은 문산호 구조를 위한 작업에 들어갔다. 삼척 해역에서 이탈한 하트만 전대의 함정들은 이날 오후 3시 30분경 장사 해역에 도착하

---

91) 육군 군사연구실, 『학도의용군』, 육군본부, 1994, 142쪽.
92) 육군 군사연구실, 『학도의용군』, 육군본부, 1994, 142-143쪽.
93) 해군본부 전사편찬관실, 『작전경과보고서』 제1권, 해군본부, 191-192쪽.

〈16인치 함포를 장착한 전함 미조리함 항해 모습〉

여 구조작업을 위한 엄호와 적군에 대한 함포 포격을 가했다. 중순양함 헬레나함과 구축함 브러시함이 주변 해역에 대한 봉쇄 및 경계 임무를 수행하는 동안에 구축함 매독스함과 소해 구축함 도일함(Doyle, DMS 34)은 오후 3시 45분부터 5시 41분까지 적군을 향해 각각 5인치 포탄 42발, 5인치 포탄 57발을 포격했다. 또 1945년 일본의 항복 조인식을 거행했던 전함 미조리함도 이날 오후 6시부터 8시까지 장사동 근처의 18개 표적에 대해 5인치 포탄 62발을 발사했다.[94]

---

94) United States Naval Institute, 《War Diary of ROK Navy and Commander Naval Forces South Korea(1950-1953)》, Annapolis, Naval Institute, 17 September 1950. (저자 해설 : 전함 미조리함은 16인치 함포(3열) 3문을 장착하고 있었는데, 이날은 표적 거리와 대상을 감안하여 5인치 함포를 포격했다고 추측할 수 있다.)

9월 18일 이른 새벽, 적의 박격포 포탄과 전차 포탄이 아군 진지에 떨어지기 시작했다. 북한군은 유격대대가 방어하고 있는 고지들에 대하여 약 1시간 동안 산발적인 포격을 가한 후 제3중대의 방어지역인 219고지 정면으로 공격해 왔다. 진지 내에서 침묵을 지켜오던 대원들은 적군의 선두가 50m 지점까지 접근했을 때 중대장의 명령에 따라 기관총과 소총으로 일제히 사격을 가했다. 쌍방 간의 사격전이 40여 분이 계속되었다. 이 와중에 유격대대 일부는 근접전으로 공격해 오는 북한군을 격퇴하는 데 일단 성공했다.[95]

　적들은 일시 후퇴한 후 다시 유격대대 진지들을 향해 1시간 동안 포격을 가한 후 이번에는 방향을 바꾸어 제1중대의 방어진지인 125고지로 공격해 들어왔다. 219고지 공격의 실패를 만회하려는 듯 거세게 밀고 들어왔다. 하지만 유리한 지형을 선점하고 있었던 유격대의 조직적인 방어에 부딪혀 실패했다. 이들은 북한군의 정예부대인 제5사단 예하의 병력이었다. 유리한 지역 선점, 조직적인 방어 작전 그리고 죽음을 불사한 유격대원들에게는 북한의 정예군도 맥을 추지 못했다.[96]

　그렇지만 이명흠 대대장은 적의 점령지에서 중과부적(衆寡不敵)의 상태로 계속 버틴다는 것은 한계가 있다는 것을 잘 알고 있었다. 무언가 특별한 대책 없이는 지속적 전투력을 유지할 수가 없는 상황

---

95) 육군 군사연구실, 『학도의용군』, 육군본부, 1994, 143쪽.
96) 육군 군사연구실, 『학도의용군』, 육군본부, 1994, 143쪽.

이었다.

또다시 적의 공격 징후가 보이자, 이명흠 대대장은 제1중대와 제3중대로부터 각각 1개 소대 병력을 차출하여 125고지와 219고지의 좌우 능선을 담당케 하고, 나머지 병력은 200고지로 철수시켰다. 아울러 유격대 본부를 200고지에서 해안에 좌초된 문산호로 이동시켰다. 최악의 경우 상륙작전을 감행했던 문산호에서 끝까지 항전하다가 장렬하게 최후를 맞겠다는 각오 때문이다.[97]

적의 공격은 예상대로 200고지 동남쪽에서부터 시작되었다. 적군은 이전 공격과는 달리 신속한 공격보다는 장기전 형태로 포격을 하면서 서서히 접근해 왔다. 북한군의 입장에서는 제한된 탄약과 식량을 보유하고 있는 유격대대를 상대하여 굳이 희생을 치르면서 작전을 급히 서둘 필요가 없었다. 실제로 유격대대가 출발할 때 가지고 나온 탄약과 식량은 3일 치에 불과했다. 3일이 지나면 부산항으로 철수하기로 되어 있었다. 육군본부에서는 철수에 대한 조치는 물론이고 연락조차 없었다. 게다가 대원들은 심각한 배고픔으로 전투를 치를 힘조차 없었다.[98]

진퇴양난에 빠진 이명흠 대대장은 위기 타개를 위한 두 가지 방안을 생각해 냈다. 한 가지는 대원들의 철수를 위한 선박이 올 때까지 현 위치에서 계속 버티는 것이고, 다른 하나는 육로로 포항 방면으로 탈출하

---

97) 육군 군사연구실, 『학도의용군』, 육군본부, 1994, 144쪽.
98) 육군 군사연구실, 『학도의용군』, 육군본부, 1994, 144-145쪽.

는 것이었다. 현재로선 언제 올지 모르는 선박을 마냥 기다릴 수가 없어 육로 탈출을 결심했다. 포항 방면으로 육로로 탈출하면서 아군과 대치 중인 북한군의 배후를 공격함으로써 적을 교란할 수도 있기 때문이다.

한편 해군본부는 9월 18일 해본작명갑 제151호를 발령, 유격대대 철수를 위해 김형봉(해사 2기) 해군 중위를 책임 장교로 임명하여 이날 LST 조치원호를 현지로 급파했다. 아울러 이날 오후에 미군 구호 비행기를 현지로 보내어 'LST가 곧 현지에 내항할 것이니 유격대대는 문산호 인근 지역을 확보하고 있으라.'는 전단을 살포하기로 했다.[99]

이날 정오가 조금 지나자 이명흠 대대장은 대원들과 200고지에서 내려와 도로변에 대원들을 집결시킨 후 탈출 이유와 경로를 설명하고 남쪽으로 행군을 시작했다. 오후 3시경 갑자기 비행기 한 대가 행군 중인 대원들의 머리 위에 나타났다. 비행기는 무엇인가를 탐색하려는 듯 행군대열 위를 몇 바퀴 선회하면서 전단과 약간의 탄약과 의약품을 투하했다. 대원들은 비행기를 향해 고함을 지르고 옷을 벗어 흔들기도 하면서 온갖 수단으로 아군이라는 신호를 보냈다. 비행기는 별다른 반응을 보이지 않은 채 동해 쪽으로 날아가 버렸다. 전단에는 곧 LST가 구조하러 온다는 내용이 있었다.[100]

조금 지나자 이번에는 헬리콥터 한 대가 날아왔다. 동해안전대의

---

99) 해군본부 전사편찬관실, 『작전경과보고서』 제1권, 해군본부, 192쪽.
100) 해군본부 전사편찬관실, 『작전경과보고서』 제1권, 해군본부, 192쪽. ; 육군 군사연구실, 『학도의용군』, 육군본부, 1994, 145쪽.

〈스윈번 대위가 조종한 헬리콥터(Sikorsky HO3S-1)〉

기함(旗艦)인 헬레나함에서 운용하는 헬리콥터였다. UP-24라는 번호가 기체에 적혀 있었다. 헬리콥터에서 무게가 있는 물체를 투하한 후 줄사다리를 내려보냈다. 그 물체 안에는 쪽지가 있었는데, 부대장이 줄사다리를 타고 올라오라는 내용이 적혀 있었다. 이명흠 대대장은 이젠 살길이 보이자 있는 힘을 다해 올라갔다. 헬리콥터는 대대장을 태우고 바다 쪽으로 날아갔다.[101]

스윈번(Harry W. Swineburne) 대위가 조종하는 헬리콥터(Sikorsky HO3S-1)는 하트만 제독이 탑승한 헬레나함 함상에 안착

---

101) 육군 군사연구실, 『학도의용군』, 육군본부, 1994, 145-146쪽.

〈헬레나함에서 상황을 설명하는 이명흠, 왼쪽부터 조종익, 이명흠, 하트만, 스텔터〉

했다. 몇 분간의 신분 확인을 거친 후 이명흠 대대장은 함교로 안내되었다. 함교에는 동해안전대사령관 하트만 소장, 전대 작전참모 스텔터(Frederick Carl Stelter) 대령, 헬레나함 함장 라슨(Harold O. Larson) 대령, 한국해군 연락장교 조종익 소령[102]이 있었다.

하트만 제독은 유격대대의 구성, 작전 경과, 적정 상황 그리고 남쪽으로의 행군 이유 등에 대해서 질문했다. 이명흠 대위는 연락장교

---

102) 한국해군 통역관 조종익 소령 또한 조치원호에 탑승하여 대원들의 구조를 도왔으며, 그 과정에서 박격포 파편에 피격되어 부상당했다. (Ed. Evanhoe, 《Dark Moon : Eighth Army Special Operations in the Korean War 》, Annapolis, Naval Institute press, 1955)

를 통해 질문에 대답하고, 몇 가지를 요구했다. 요구사항은 유격대대가 철수할 때 엄호를 위한 함포사격, 탄약·식량·의약품 지원 등이었다. 하트만 사령관은 요구사항을 받아들이고, 추가해서 해상철수를 위해 9월 19일 새벽 4시 30분에 LST 한 척이 장사 해안으로 온다고 했다.[103]

이명흠 대위는 헬레나함 갑판을 이륙한 헬리콥터를 타고 자신의 부대가 있는 곳으로 돌아왔다. 그리고는 예하 중대장들을 소집하여 미 해군과 협의한 내용을 설명한 후 '내일 오전에 우리를 철수하기 위해 LST 한 척이 장사 해안에 도착할 것이다.'고 말했다. 이어 남쪽으로의 행군을 멈추고 장사 해안으로 이동하라는 명령을 하달했다.[104]

유격대대가 장사동을 향해서 이동하고 있는데, 적들은 맹렬한 공격을 해왔다. 쌍방 간 치열한 전투가 시작되었다. 실탄이 부족했던 유격대대는 소극적으로 대응하면서 이동을 계속했다. 때마침 요구한 대로 헬레나함에서 함포사격으로 엄호해 주었고, 아울러 미 공군 제트기 1개 편대가 날아와 적군의 점령 고지에다 폭탄을 떨어뜨렸다. 유격대대는 이날 오후 7시경에 좌초된 문산호 근처의 장사 해안에 도착했다. 그리고는 해상의 미군 함정을 향하여 신호탄을 발사했다.

---

103) 국방부 군사편찬연구소, 『6·25전쟁 학도의용군 연구』, 국방부, 2012, 158-159쪽.
104) 육군 군사연구실, 『학도의용군』, 육군본부, 1994, 146-147쪽.

〈좌초된 문산호 근처 해안에 집결하여 구조를 기다리는 대원들, 도로 위 200고지〉

신호를 기다렸다는 듯이 헬레나함의 헬리콥터가 곧바로 장사 해안으로 날아와 시레이션을 떨어뜨려 주었다. 대원들은 오랫동안 굶주렸던 배를 겨우 채웠다. 이제는 구조할 선박이 오기만을 기다렸다.[105]

---

105) 육군 군사연구실, 『학도의용군』, 육군본부, 1994, 147쪽.

9장
급파된 LST 조치원호에 탑승, 부산으로 철수

9장
급파된 LST 조치원호에 탑승, 부산으로 철수

문산호 선원과 유격대원의 철수 임무를 맡은 LST 조치원호는 9월 19일 아침 6시 현장에 도착했다.[106] 당시 장사 해안에는 미 육군의 예인함 LT-636함과 미 해군의 구조함 볼스터함이 대기하고 있었다. 하트만 제독은 구조작전 엄호를 위한 함포사격 임무를 순양함 헬레나함, 구축함 매독스함, 브러시함, 소해 구축함 엔디코트함, 도일함, 토마스함(Thomas E. Fraser, DM 24)에 부여했다.[107]

LT-636함에 편승한 미 육군 스피어 소령은 문산호 구조가 불가능하다고 판단하고 해안에 집결한 문산호 선원과 유격대원 구출 작전에 들어갔다. 스피어 소령은 현지에 도착한 LST 조치원호 선장에게 문산호 북방 400야드에 위치시키라고 했으나, 선장은 좌초를 염려하여 거절했다. 조치원호 승조원들도 문산호처럼 대한해운공사 소속의 선장과 선원들이었다. 조치원호는 8월 17일 독석리 해안에서 국군

---

106) 해군본부 전사편찬관실, 『작전경과보고서』 제1권, 해군본부, 192쪽.
107) United States Naval Institute, 《War Diary of ROK Navy and Commander Naval Forces South Korea(1950-1953)》, Annapolis, Naval Institute, 19 September 1950.

제3사단 병력을 철수시킨 배였다.

스피어 소령은 고무보트를 타고 조치원호로 건너가서 자신이 직접 배를 조종하여 문산호 북방 400야드, 육지로부터 30m 떨어진 곳에 투묘(投錨)시켰다. 그리고는 복장을 간편히 한 후 해안가의 소나무와 연결된 밧줄을 타고 해안에 상륙하여 철수작전을 총지휘했다. 북한군은 아군이 다시 상륙하는 것으로 알고 더욱 맹렬한 사격을 가해왔다. 이때 박격포 포탄이 해안가에 집결된 대원들에게 떨어지는 바람에 전사 9명과 부상 12명이 발생했다. 미 해군 해리슨 중위와 쿠퍼 상사도 부상을 입었다.[108]

해리슨 중위는 전사상자 발생 등 해변의 상황을 엔디코트함에 보고했다. 엔디코트함은 부상 대원들을 후송하기 위해 보트를 보내려 했으나, 해상 상태 불량으로 이행하지 못했다. 대신 해변의 상황을 헬레나함을 통해 헬리콥터 조종사 스윈번 대위에게 전달했다. 스윈번은 하트만 제독에게 보고하고 항공유를 채운 후 다시 장사 해변으로 날아갔다. 적들의 소총, 기관총, 박격포 세례를 뚫고 해변에 착륙했다. 그리고는 좁은 탑승 공간으로 해리슨과 쿠퍼만을 태우고 치료를 위해 헬레나함으로 복귀했다. 헬리콥터 기체에는 14곳의 총알구멍이 나 있었다.[109]

---

108) 해군본부 전사편찬관실,『작전경과보고서』제1권, 해군본부, 193쪽.

109) Ed. Evanhoe,《Dark Moon : Eighth Army Special Operations in the Korean War 》, Annapolis, Naval Institute press, 1955, p. 30.

미 해군의 함포사격과 항공기의 폭격으로 북한군의 화력은 일시 소강상태가 되었다. 이때 동해안전대의 함정에서는 군의관과 의무병들을 해변으로 보내 부상자에 대한 응급처치와 후송하는 일을 지원했다. 유격대원들은 구명대와 보트를 타고 해안의 소나무와 조치원호 간 연결된 밧줄을 잡고 승선하기로 했다. 조치원호는 해상에서 30m 떨어진 해상에서 선수 문을 열고, 구명대(救命袋, life raft)를 보내왔고, 미 LT-636함과 볼스터함에서도 고무보트를 보냈다. 해안에서는 부상병을 먼저 태워 보내고, 제1중대, 제5중대, 대대본부, 제3중대, 제2중대 순서로 대원들을 태워 조치원호로 보냈다.[110]

미 해군의 함포사격이 뜸해진 틈을 이용하여 북한군이 다시 조치원호를 향해 박격포 사격을 가해왔다. 구조작전에는 조치원호에 실습 생도로 편승했던 해군사관학교 4기생 김상모, 문기완, 박래호, 서동연, 서인, 서경연, 신두범, 성태석 등 15여 명도 동원되었다. 생도들도 신속히 각자의 소총을 가지고 나와 갑판에 엎드려 적을 향해 소총 사격을 가했다.[111]

대원들은 5, 6명씩 구명대나 고무보트에 탑승하여 밧줄을 잡고 조치원호로 이동했다. 조치원호에 도달하면 선수 문을 통해 탑승하거나 배의 현측(舷側)을 통해 갑판에서 내려진 그물망을 잡고 탑승해야 했다. 선수 문으로는 주로 거동이 어려운 부상자들이 이용했고, 나머지 대원

---

110) 국방부 군사편찬연구소, 『6·25전쟁 학도의용군 연구』, 국방부, 2012, 161쪽.
111) 해군역사기록관리단, 『6·25전쟁과 한국해군작전』, 해군본부, 2010, 288쪽.

〈장사 해안에서 구조작전을 수행 중인 LST 조치원호〉

들은 그물망으로 배에 올랐다. 그런데 물먹은 군장이 너무 무거워 배의 높은 갑판으로 오르다 힘이 달려 바다로 떨어지는 대원들이 발생했다. 그래서 스피어 소령은 군장을 모두 바다에 버리고 맨몸으로 탑승하라고 지시했다. 철수가 거의 다 되어가고 적군의 포탄이 수그러들자 그는 자신이 부산에서 탑승해 왔던 LT-636함으로 돌아갔다.

적의 포탄은 계속 조치원호 쪽으로 날아오고 있었다.[112] 박격포 포탄이 배 주위 해상에 떨어져 물줄기가 치솟아 올랐다. 몇 발의 포탄들은 배의 갑판을 강타하여 불꽃을 튀기면서 갑판 곳곳을 파괴했으며,

---

112) 해군본부 전사편찬관실, 『작전경과보고서』 제1권, 해본부, 193쪽.

〈중앙의 조치원호 기준으로 좌측 장사동, 우측 부홍동 마을,
우측의 가까운 배는 LT-636함〉

이때 사관 식당 옆의 후갑판에 있던 유격대원과 문산호 선원 등 10명의 사상자가 발생했다. 적의 포격이 더 심해지자 얼마 후 미군 항공기가 출격해서 적의 공격을 잠재우고, 미국 구축함에서는 빨리 철수하라는 발광신호가 빗발쳤다.[113] 설상가상으로 갑판 상에 있던 기름탱크가 터져 안에 있는 벙커시유가 쏟아져 나와 배 안까지도 스며들었다. 배 전체가 폭발할 수 있는 아주 위험한 상황에 놓이게 되었다.[114]

---

113) 해군사관학교, 『해군사관학교 50년사』, 해군사관학교, 1996, 95쪽.
114) 이규호 증언, 2024년 5월 21일.

촌각을 다투는 상황에 이르자 조치원호 선장과 철수 책임을 맡은 김형봉 해군 중위는 초조한 마음을 감출 수가 없었다. LST가 파괴되어 운항이 불가하면 탑승한 모두가 적에게 포로가 될 수 있기 때문이다. 조치원호 선장, 김형봉 중위와 이명흠 대위 간에는 철수시간을 두고 격렬한 논쟁이 이어졌다. 이명흠 대위는 대대장이라는 입장에서 한 명의 대원이라도 더 데려가고 싶었고, 다른 두 명은 배와 탑승자의 안전을 위해 즉각 철수해야 한다고 주장했다.[115]

30여 명의 대원이 더 승선했을 즈음에 이명흠 대대장의 완강한 만류에도 조치원호 선장은 밧줄을 절단하라는 명령을 내렸다. 그리고는 즉시 닻을 올리고 뱃머리를 외해로 돌렸다. 이때가 오후 1시 45분, 해변에는 아직도 32명의 대원이 남아 있었다. 남겨진 대원들은 불안감과 배신감을 느낀 나머지 조치원호를 향해 총격을 가하기도 했다.[116]

모두가 안타까운 심정이었으며, 특히 배에 탑승한 이명흠 대대장 등 유격대원들은 모래사장에 남아 있는 전우들을 두고 떠나는 마음의 고통은 이루 말할 수 없었다. 배가 해안에서 멀어져 가고 있을 때 북한

---

115) 육군 군사연구실, 『학도의용군』, 육군본부, 1994, 148-149쪽.
116) 해군역사기록관리단, 『6·25전쟁과 한국해군작전』, 해군본부, 2010, 289쪽.
(참고로 육군 군사연구실에서 발간한 『학도의용군』에는 출항시간이 오후 3시 30분으로, 국방부 군사편찬연구소에서 발간한 『6·25전쟁 학도의용군 연구』에는 오후 3시 40분으로 기술되어 있다.)

군들이 산에서 내려와 대원들을 포위하는 것이 아득히 보였다.[117]

당시 긴박했던 상황은 이규호 대원의 회고에서도 잘 드러나 있다.

"나는 대원들과 LST 조치원호로 철수하기 위해 해안에서 기다리던 중 적이 쏜 따발총 유탄을 얼굴에 맞아 부상을 입는 바람에 미 군함에서 보내준 보트를 타고 조치원호에 먼저 탑승할 수 있었다. 배에 올랐는데, 적의 포탄이 갑판에 떨어져 나는 선실로 급히 몸을 피했으나, 갑판에 있던 유격대원과 문산호 선원들이 파편을 맞고 즉사했다. 그리고 배 곳곳이 파손되고, 갑판 상에 있던 기름탱크가 터져 기름이 쏟아져 나왔다. 배가 아주 위험한 상황에 놓이게 되자 조치원호 선장은 결단을 내려 해안가에 대원들을 남겨둔 채 출항을 강행했다. 부득이한 조치였지만, 평생 머릿속에서 지어지지 않는 가슴 아픈 일이었다."[118]

나중에 알려진 바로는 해안에 남겨진 대원들은 포로가 되어 해안에서 그날 밤을 꼼짝없이 지내고 이튿날 북한군의 총퇴각 대열에 끼여 북으로 끌려갔다. 어느 날 저녁 허술한 감시망을 틈타 고규혁 대원 4명은 극적으로 탈출하는 데 성공했다. 고규혁 대원은 뒷날 『버림받은 충혼』이라는 제목으로 수기를 출판했다. 지척에 있던 조치원호

---

117) 국방부 군사편찬연구소, 『6·25전쟁 학도의용군 연구』, 국방부, 2012, 162쪽.
118) 이규호 증언, 2024년 5월 21일.

가 해안가의 대원을 남겨두고 떠나버린 데 대한 원망이 책 제목에 잘 반영되어 있다.[119] 박중수 등 대원 7명도 배고픔의 고통을 이기지 못해 밥을 얻어먹기 위해 마을에 들어간 사이 조치원호가 철수하는 바람에 배에 오르지 못했다. 이들도 포로로 잡혀 북한군과 함께 주로 밤을 이용하여 북으로 퇴각하던 중 영양 일월산 근처에서 박중수 등 3명의 대원이 탈출하는 데 성공했다.[120]

헬레나함으로 후송된 해리슨 중위와 쿠퍼 상사는 응급처치를 받은 후 구조작전이 거의 끝나갈 무렵 조치원호로 돌아왔다. 조치원호는 오후 1시 30분에 탑승작업을 중단하고, 유격대원, 문산호·조치원 승조원 등 모두 725명을 태우고 1시 45분 닻을 올리고 부산으로 향했다. 그러나 밥을 얻어먹기 위해 마을에 간 대원 7명과 미처 배에 오르지 못한 대원 32명이 장사동 적진에 남아 있었다.[121]

부산으로 항해하면서 조치원호 승조원들은 박격포 포탄으로 갑판상에서 전사한 8명의 시신을 수습하고 태극기로 덮어 21발의 조총으로 조의를 표한 후 바다에 수장시켰다.[122] 배는 다음 날 9월 20일 새

---

119) 해군역사기록관리단, 『6·25전쟁과 한국해군작전』, 해군본부, 2010, 289-190쪽.
120) 박중수, 『학도병 회고(장사상륙작전 외)』, 2014.
121) 박종상, 『6·25전쟁 시 상륙작전』, 국방부 군사편찬연구소, 2023, 139쪽. (부상자 인원, 구출 인원, 탑승시간, 출항시간, 잔류병력 등은 미국 NARA 자료와 조치원호, 브러시함, 헬레나함 항박일지를 근거한 것이기 때문에 다른 자료보다 신뢰성이 있다고 판단하여 이 책을 참고했다.)
122) 이규호 증언, 2024년 5월 21일.

벽 2시 부산 앞바다에 도착했다.[123] 연일 치러진 전투와 배고픔으로 지친 유격대원과 문산호 승조원들은 격실 바닥에 쓰러진 채로 잠에 곯아떨어져 있었다. 너무 이른 시간이라 조치원 선장은 이명흠 대대장과 상의하여 날이 밝으면 부산항으로 입항하기로 했다. 입항할 때까지 이명흠 대대장은 상부에 보고하기 위해 상륙작전의 경과와 결과를 개략적으로 정리했다. 선장은 해군본부에 아침 6시에 입항예정이라고 타전했다.

날이 밝자 조치원호는 뱃머리를 부산항으로 돌려 천천히 들어갔다. 이미 해군본부에서는 계류 부두와 예인선을 준비해 놓은 상태였다. 부두 도착은 예정대로 아침 6시였다. 대대적인 환송을 받고 출항할 때와는 분위기가 완전히 달랐다. 부두에는 해군본부와 육군본부에서 나온 몇몇 실무자들만이 있었다. 한 척의 LST와 178명의 전우(전사 139명, 적전 잔류 39명)를 적진에 버려둔 채 귀환하는 대원들에게는 조용한 입항이 오히려 마음이 편했다. 대원들 간에도 그 어떤 전공이나 무용담을 내세울 수가 없었다.

출항할 때 문산호 선원은 선장을 포함하여 모두 44명이었는데, 해안 접안, 밧줄 작업, 고지 전투, 철수작전 과정에서 25%에 이르는 11명의 선원이 전사했다. 문산호는 오른쪽 갑판과 흘수선 부근 선체가 적의 포격으로 크게 파괴되어 장사 해안을 오른쪽에, 바다를 왼쪽에

---

123) 해군본부 전사편찬관실, 『작전경과보고서』 제1권, 해군본부, 194쪽.

두고 남쪽으로 향해 왼쪽으로 15도가량 기울인 채로 암초에 박혀있다. 해군본부 역사기록관리단에 소장 중인 『작전경과보고서』[124]에 문산호의 좌초 위치, 방향, 상태, 손상 분야 등이 잘 묘사되어 있다.

구 분	내 용
좌초 위치	북위 36도 16분 30초, 동경 129도 22분 40초
육상과 거리	최접근 21m
경사	선수 방향 150도, 선체는 좌현으로 15도 기울어짐
선체 파손	적의 포격으로 우현 정횡 흘수선 상부 직경 2m 관통
인명 피해	선장 황재중 등 11명 전사[125]

일반적으로 전쟁을 수행하는 과정에서 피아간에 인명과 장비 손실이 따르지 않을 수가 없다. 그렇지만 장사상륙작전에서는 인명과 장비 손실이 비교적 컸다. 상륙작전을 수행하는 데 지켜야 할 원칙과 단계가 있는데, 이를 등한시하고 추진되었기 때문이다. 상륙작전 기본 전술에 어긋난 장사상륙작전에서의 문제점들이다.

첫 번째 문제점은 함포가 장착되지 않은 상륙함을 투입한 것이다. 통상 LST가 해안에 돌격 접안을 할 때 함포사격 태세를 갖추고 들어

---

124) 해군본부 전사편찬관실, 『작전경과보고서』 작전편 제1집, 1950, 194쪽.
125) 11명 전사자 : 황재중 이찬석 이수용 권수헌 부동숙 박시열 윤은현 안수용 이영룡 한시택 김일수. (해군본부 역사기록관리단 문서고 소장)

가는 것이 원칙이다. 그런데 LST 문산호는 함포가 없는 비무장 배였다. 비무장한 배로 적진에 들어간다는 것은 적에게 제물을 바치는 바와 다름이 없다.

둘째는 군 지휘부가 전문성과 경험 없는 학도병들을 무리하게 상륙작전에 투입했다는 것이다. 상륙작전에는 전문성과 경험 있는 해병대 등 병력을 투입하는 것이 원칙인데, 학도병들에게 승하선 그물망 이용법, 바다에서의 생존법, 해안에서의 돌격상륙법 등에 대한 교육훈련도 없이 투입했다는 것이었다.

셋째는 태풍의 여파로 해상의 풍파가 거칠었음에도 LST가 무리하게 해안 접안을 강행했다는 것이다. 무리한 접안으로 결국 배의 좌초를 불러일으켰는데, 이는 상륙작전에서 최악의 상황이라 할 수 있다. 배가 적진에서 좌초되면 기동성을 상실하게 되어 적으로부터 집중포격을 받게 됨으로써 많은 인명손실이 따를 수밖에 없다.

넷째는 상륙감행 이전 함포사격과 항공기 폭격으로 적진을 무력화시키지 않았다는 것이다. 상륙작전에서 중요한 원칙은 상륙감행 이전에 함포사격과 항공기 폭격으로 적진을 완전히 무력화 후에 병력을 상륙시키는 것이다. 그래야만 장비와 인명손실을 줄일 수 있다. 장사상륙작전에서는 상륙개시 이전 이런 절차가 없었다.

다섯째는 지휘 통제함, 상륙부대, 지원부대 간의 통신체계 구축 미흡으로 상호 통신 연락이 원활하지 못했다는 것이다. 지휘 통제함(LST 문산호), 상륙부대(유격대대), 지원부대(함포 사격함, 폭격 전투기) 간의 상호 통신 연락이 안 되어 적시에 대응하지 못한 것이다.

LST 문산호에 편승한 미 해군 해리슨 중위가 엔디코트함과 원활하게 정보교환을 했다면 적시의 함포사격으로 유격대원들의 희생이 줄었을 것이다. 당시 해리슨 연락장교가 소지한 통신기는 SCR-300 워키토키가 전부였다.

이처럼 악조건하에서도 제1유격대대가 장사상륙작전을 감행함으로써 인천상륙작전과 낙동강 전선 전투를 유리하게 이끄는 데 큰 역할을 했다는 것이다. 또 다른 상륙작전을 장사 해안에서 감행함으로써 북한군의 관심을 동해 쪽으로 돌리고, 낙동강 전선에 배치된 북한군 전차 4대와 2개 연대 병력을 유인해 냈다는 것이다. 당시 북한 평양방송이 유엔군 2개 연대가 동해안에 상륙했다고 보도했을 정도로 북한군의 관심과 병력을 분산시키기에 충분한 작전이었다.

전술적인 효과는 낙동강 전선의 북한군 동부 전투력을 약화한 것인데, 유격대대가 포항, 영천방면으로 가는 국도상의 교량 파괴와 북한군의 보급로를 차단함으로써 북한군의 군수지원 활동을 마비시킨 것이다.

적진 장사 지역에 기습 상륙한 유격대대가 기만, 교란, 차단, 유인 등으로 적을 괴롭힘으로써 아군이 인천상륙작전과 낙동강 전선 전투를 수행하는 데 이바지했다는 것을 누구도 부인할 수가 없다. 그 효과는 9월 19일부터 나타나기 시작했다. 이날이 유격대대가 부산으로 철수한 날이었다.

9월 15일 인천에 상륙한 부대들이 9월 19일 한강 변에 진출할 때까지도 미 제8군이 아직 낙동강 전선에서 벗어나지 못하자, 맥아더 장군은 인천상륙작전이 실패했다고 생각하여 이번에는 군산 상륙을 준비하라고 작전참모 라이트 준장에게 지시했다. 그런데 지시한 지 몇 시간 후 제8군사령관 워커 장군으로부터 적의 공격력이 약해졌다는 반가운 보고를 받았고, 그런 정보들이 속속 들어오기 시작했다.[126] 9월 20일에는 미 해병 제5연대 제3대대가 LVT 6대를 앞세워 한강을 건너 오전 6시 50분 행주나루에 도착하고, 이어 미 제5해병연대 제2대대와 한국해병대 제2대대가 한강을 건너는 데 성공했다.

---

126) Malcolm W. Cagle and Frank A. Manson, 《The Sea War in Korea》, Annapolis, Maryland United States Naval Institute, 1957, p. 102.

10장

전열 정비 후 다시 전선으로

10장
전열 정비 후 다시 전선으로

　부산항에 도착하자 이명흠 대대장은 대대원들에게 언행에 대한 몇 가지 지침을 하달한 후 부관 백운봉 중위를 대동하고 육군본부로 향했다. 먼저 육군본부 군수국에 들러 유격대원에 대한 군수 보급을 요청하고, 부상자들을 부산 주둔 제3 육군병원에 입원토록 조치했다. 이어 오전 9시에 정일권 육군참모총장에게 귀대신고를 한 후 작전교육국장 강문봉 대령이 배석한 가운데 장사상륙작전 경과와 결과를 보고했다.[127]

　보고를 끝낸 이명흠 대위는 강문봉 대령의 안내로 참모총장실에서 나와 작전교육국으로 들어갔다. 작전교육국에는 작전명령 작성, 배부 등 업무로 장병들이 분주하게 움직이고 있었다. 인천상륙작전 성공으로 국군의 반격작전이 본격적으로 개시되었기 때문이다.

　강문봉 대령은 제1유격대대의 전과와 피해 등을 LST 조치원호와 미 군함을 통해 이미 보고를 받아 대충 알고 있었다. 제대로 훈련도 받지 못했던 학도병들에게 적전(敵前) 상륙명령을 했던 그로서는 한

---

127) 박종상,『6·25전쟁 시 상륙작전』, 국방부 군사편찬연구소, 2023, 141쪽.

동안 표정관리가 어려웠다. 많은 희생에 대한 미안함과 인천상륙작전을 성공적으로 이끄는데 큰 몫을 했다는데 기쁨이 교차했기 때문이다. 자신의 사무실로 들어온 강문봉 대령은 이명흠 대위를 아무 말 없이 끌어안고 어깨를 다독거렸다. 그리고는 자리에 앉아 국본 일반명령(육) 제72호(1950. 9. 18)에 의거 '육군본부 직할 독립 제1유격대대'로서 정식부대로 되었다는 명령서를 건네주었다.[128] 임무를 끝낸 학도병들을 해산시키지 않고 정규군으로 편입되었다는 보증서와 같은 명령서였다. 작전교육국장으로서는 그 당시 최고의 보답이었다.

조치원호에서 머물고 있던 유격대대는 9월 21일 저녁에 하선하여 기차를 타고 구포역으로 이동했다. 구포역에서 하차한 유격대대는 역 광장에서 주먹밥으로 허기진 배를 채운 후 근처에 있는 김해의 덕두국민학교로 이동했다. 학교를 주둔지로 정하여 휴식 겸 부대정비에 들어갔다.[129]

대원들은 모처럼 휴식을 취하면서 쌀겨와 양잿물로 만든 검은 비누 반쪽을 받아 낙동강에 들어가 목욕을 하고 머리를 감은 후 이발소에 가서 이발도 했다. 이때 대원들 간에 웃음이 나오면서도 애잔했던 진기한 일이 벌어졌다. 상륙한 이후부터 일주일 동안 제대로 먹지를 못해 배변

---

128) 육군 군사연구실, 『학도의용군』, 육군본부, 1994, 151쪽.
129) 육군 군사연구실, 『학도의용군』, 육군본부, 1994, 151쪽.

이 염소똥처럼 딱딱하여 배설하는데 큰 고통이 따랐다. 그래서 대원들은 아래옷을 훌랑 벗고 꼬챙이로 배변을 서로 파내어 주었다.[130]

대원들은 보급해준 식량을 가지고 밥을 해 먹고 그간 떨어진 기력을 회복했다. 휴식 기간 중 9월 26일 추석을 맞아 민가에 들러 고기, 떡, 과일 등을 얻어먹고 보름달을 보며 고향을 향해 절도 올렸다.[131]

추석 다음 날 9월 27일 제1유격대대에 새로운 명령이 떨어졌다. 인천상륙작전 후 반격작전에 나선 유엔군과 국군에 합세하기 위해서였다.[132] 9월 28일 서울을 수복한 후 9월 29일 맥아더 장군은 서울시청에서 미 극동군 주요지휘관들에게 또 다른 상륙작전, 원산에 상륙하여 패주하는 북한군의 퇴로를 차단하고 평양을 협공한다는 작전계획을 밝혔다.

제1유격대대는 명령받은 그 날 오후 9시에 기차를 타고 구포역을 출발, 대구역을 경유 자정쯤에 영천에 도착했다. 영천에서 며칠 숙영한 후부터는 도보로 이동하면서 본격적인 작전에 들어갔다. 걸어서 안동에 10월 3일 도착한 유격대대는 안동 동부교회를 주둔지로 정하고 나흘 정도 지낸 후 영주, 풍기를 거쳐 10월 10일 양평에 도착했다.[133]

---

130) 이규호 증언, 2024년 5월 21일.
131) 이규호 증언, 2024년 5월 21일.
132) 육군 군사연구실, 『학도의용군』, 육군본부, 1994, 152쪽.
133) 육군 군사연구실, 『학도의용군』, 육군본부, 1994, 152쪽.

양평국민학교를 주둔지로 정한 유격대대는 양평읍 동북쪽으로 40여 리 떨어진 용문산에서 북한군 잔류병들이 만행을 일삼고 있다는 정보를 접하고 소탕 작전에 들어갔다. 북한군들은 지방의 좌익들과 합세하여 밤이면 마을로 내려와 양민들을 강탈하고 살상까지도 했다. 유격대대는 10월 12일부터 산 아래에서 용문산을 포위해가면서 공격해 올라갔다. 적들은 유격대가 올라오면 은신하여 대기하고 있다가 일제히 사격을 가하곤 했다. 이때마다 유격대원들은 즉각적으로 산개하여 적의 은신처에 은밀히 접근, 일제 사격을 가하는 방식으로 대응했다. 완강히 저항하던 적들은 좁혀지는 유격대의 협공작전에 견디지 못하고 도주하기 시작했다. 이날 하루의 전과만 해도 적 사살 4명, 생포 2명, 기관총 2정, 수류탄 3개 등을 노획하는 성과를 거두었다. 유격대의 인명 피해는 없었다.[134]

20일간 양평에서 주둔해 왔던 유격대는 양평을 떠나 걸어서 11월 1일 홍천에 도착했다. 홍천에서는 희망리 농업중학교(현 홍천중학교)에 주둔하며 출몰하는 북한군 소탕 작전에 임했다. 횡성 방향으로 16km 거리에 있는 오음산(390고지)에서 북한군들이 준동하면서 근처의 양민들을 괴롭히고 있다는 정보가 입수되었다. 이를 소탕하기 위해 이원직 중대장의 인솔하에 제3중대 전원이 출동했다.[135]

---

134) 육군 군사연구실, 『학도의용군』, 육군본부, 1994, 152쪽.
135) 육군 군사연구실, 『학도의용군』, 육군본부, 1994, 153쪽.

주둔지에서 도보로 오음산 하단에 도착한 중대는 4개 소대로 나뉘어 작전을 개시했다. 공격개시 신호와 함께 일제히 적의 은신처를 향하여 돌진했다. 수류탄을 투척하면서 공격한 끝에 고지 정상에서 맹렬하게 저항하던 적의 토치카를 완파했다. 거점이 없어지자 적들은 더 저항하지 못하고 많은 희생자를 남긴 채 깊은 산속으로 도주했다. 이 전투에서도 유격대의 인명 피해가 없었다. 이후 유격대대는 20여 일 동안 홍천에 주둔하면서, 북한군 소탕 작전을 전개하여 많은 전과를 올렸다. 전투 중에 부상한 대원들은 후방으로 후송 조치하고 전사자는 근처에 임시 매장을 했다.[136]

11월 15일 유격대대는 춘천 북방 화천댐 위쪽의 지촌리로 이동했다. 화천발전소 부근에는 8천여 명의 적군이 점령하고 있었다. 유격대대는 이날 화천발전소 부근 북한군을 공격하라는 명령을 받고 춘천, 화천을 경유 38선을 넘었다. 새벽까지 고지에서 적의 동정을 살피며 대기하고 날이 밝아오면서 강을 건너 적 고지를 향하여 공격을 개시했다. 피아간에 치열한 근접전이 전개되었다.

수적으로 열세했던 유격대는 하산하여 도강한 후 다시 방어선을 구축하고 적에게 맹공을 퍼부었다. 이 전투에서 유격대는 중대장 등 다수의 인명손실이 있었다. 한편 적 포로 8명, 기관총 1정, 아카보 소총 20정, 기관단총 6정, 탄약 수천 발 노획 등의 전과를 거두

---

[136] 육군 군사연구실, 『학도의용군』, 육군본부, 1994, 153쪽.

었다.[137]

　국군과 유엔군이 중공군의 공세에 밀려 작전상 춘천으로 후퇴함에 따라 유격대대도 춘천에서 3일간 주둔한 후에 다시 서울 방면으로 후퇴했다. 후퇴 도중 11월 17일에 국군 제2사단의 가평작전을 배후에서 지원하는 임무를 수행했다. 이 작전 중에 유격대를 이끌어온 대대장 이명흠 소령이 왼쪽 어깨에 관통상을 입었고, 부관 백운학 대위도 총상을 입었다.[138]

　상황이 이렇게 되자 육군본부에서는 11월 말에 제1유격대대 해체를 단행했다. 이 소식을 전해 들은 이명흠 소령은 병상에서 일어나 육군본부에 가서 유격대대 유지를 건의했지만, 성사되지 않았다. 사전에 예고도 없이 해체됨에 따라 서울에 머물고 있던 유격대대원들은 향후 거처에 대해 관심이 쏠렸다. 대원들 몇 명은 장교 모집에 응시하여 장교로 임관했으며, 대부분은 유병추 대원처럼 제2사단 제32연대에 현역으로 편입했다. 이규호 대원은 해체 이전 10월 27일 제3군단(군단장 유재흥 소장)의 기간 요원으로 차출된 것처럼 다른 부대로 간 대원들도 있었다.[139]

---

137) 육군 군사연구실, 『학도의용군』, 육군본부, 1994, 153-154쪽.
138) 육군 군사연구실, 『학도의용군』, 육군본부, 1994, 154쪽.
139) 이규호 증언, 2024년 5월 21일.

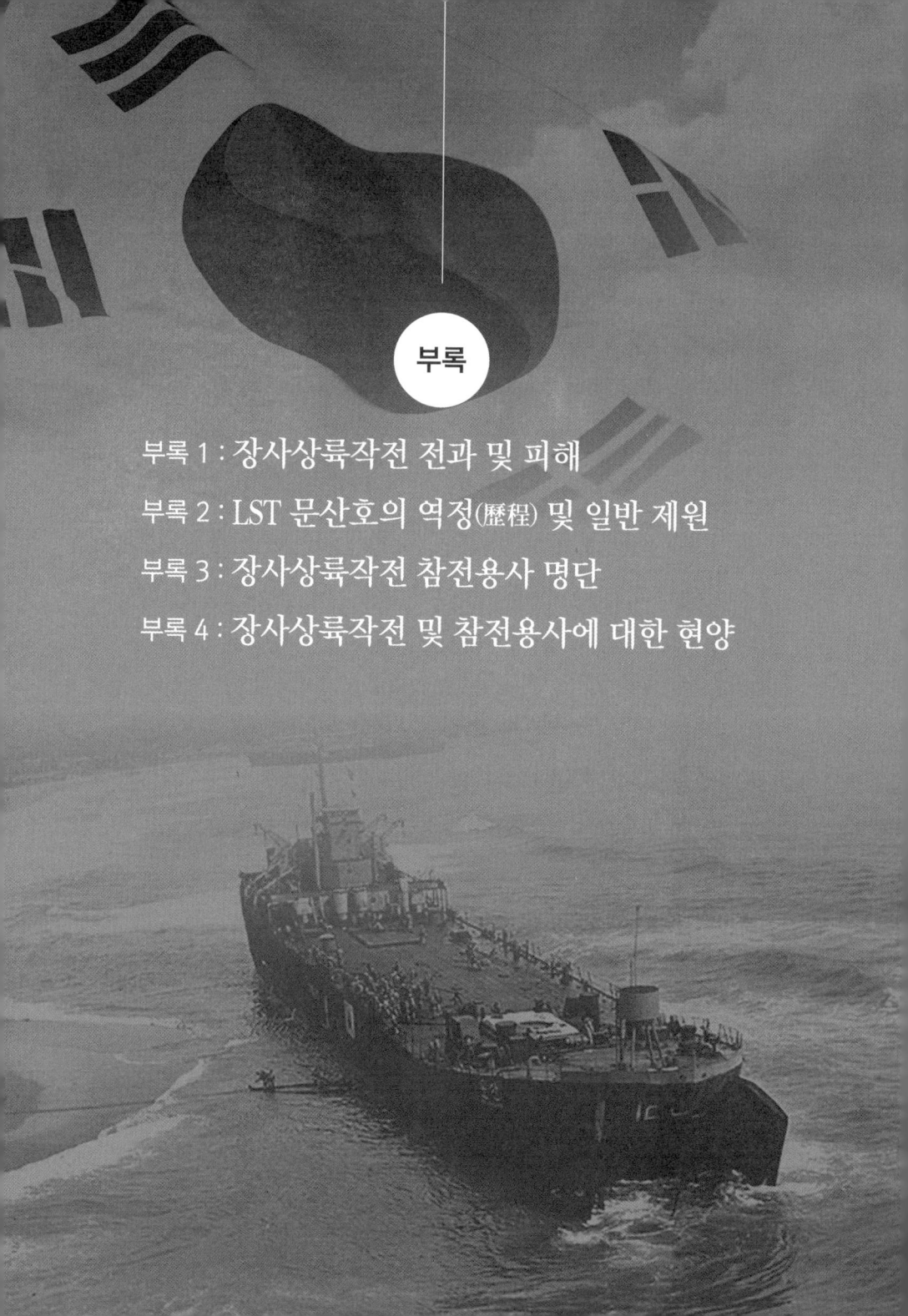

부록

부록 1 : 장사상륙작전 전과 및 피해
부록 2 : LST 문산호의 역정(歷程) 및 일반 제원
부록 3 : 장사상륙작전 참전용사 명단
부록 4 : 장사상륙작전 및 참전용사에 대한 현양

부록 1
장사상륙작전 전과 및 피해

◆ 전과[140]
- 적 사살 270여 명(아군 측 추산)
- 적 포로 4명
- 토치카 파괴 11개소
- 교량 파괴 2개소
- 도로 파괴 6개소
- 직사포 3문
- 포탄 450상자
- 지프 차 1대(소각)
- 기관총 4정
- 로켓포 1문
- 다발 총 5정
- 소련제 장총 12정
- M1 소총 9정
- 각종 실탄 다수

---

140) 장사상륙참전유격동지회, 『모래톱에 묻힌 충혼』, 장사상륙참전유격동지회, 1995, 76쪽.

◈ 피해

- 전사 139명(문산호 승조원 11명 포함)[141]
- 적진 잔류 39명[142]
- 부상 110명(문산호 승조원 17명 포함)
- LST 1척(2,700톤)

---

141) 전사 139명은 철수인원 725명에 조치원호 승조원 44명, 책임장교 김형봉 중위, 해사 4기생 15명이 포함된 것으로 봐야만 전사자 숫자가 성립 될 수 있다.
142) 적진 잔류 39명은 조치원호에 승선하지 못한 해변 잔류 대원 32명과 철수작전 기간 대대에서 이탈하여 밥을 얻어 먹기위해 마을에 들어가 조치원호에 승선하지 못한 대원 7명이다.

부록 2

LST 문산호의 역정(歷程) 및 일반 제원

◈ 미국에서 건조, 제2차 세계대전 참전
- 1943년 5월 5일 : 미국 인디애나주 제퍼슨빌에 있는 제퍼슨빌 선박·기계회사에서 건조착공
- 1943년 8월 7일 : 진수
- 1943년 9월 22일 : USS LST 120으로 명명 및 취역, 초대 함장 James F. Conlan Jr. 대위
- 1944년 6월 15일~7월 28일 : 제2차 세계대전 중 아시아·태평양 전구에 배치, 사이판 전투와 티니안 전투에 참전
- 1946년 1월 7일 : 태평양함대 함정세력에서 제적, 미국 극동 해군의 일본선박통제국((SCAJAP)에 편입, Q004로 선명 부여

◈ 대한민국에서 인수, 6·25전쟁 참전
- 1947년 2월 : 대한민국 정부에서 인수하여 '문산'으로 명명, 교통부 대한해운공사에서 운용
- 1947년 3월 5일 : 미 해군 함적부에서 삭제
- 1950년 6월 25일 : 묵호에서 대한민국 해군에 전시 동원
- 1950년 6월 26일 : 묵호에서 해군 묵호경비부 병력을 싣고 포항으로 철수

- 1950년 6월 28일~6월 30일 : 포항에서 해군 묵호경비부 병력을 편승하여 묵호로 이송, 6월 29일 새벽 2시 묵호 해역에서 미국 순양함 주노함 (Juneau, CL-119)의 오인포격으로 선원 1명 전사, 1명 부상
- 1950년 7월 27일 : 한국해군의 PC-701함(백두산) 지휘 아래 여수철수작전 참전, 한국 육군 이응준 장군 휘하 병력 600여 명을 여수에서 진해까지 철수시킴[143]
- 1950년 9월 14일~9월 15일 : 육군 독립 제1유격대대와 장사상륙 작전 참전, 장사 해안에 접안 중 암초에 좌초, 선원 44명 중 황재중 선장과 선원 10명 전사
- 1997년 3월 6일 : 한국해병에 의해 선체 발견

---

143) 최영섭, "서남해안 경비작전과 여수철수작전", 『6·25 바다의 전우들』, 세창미디어, 2013, 113쪽.

◈ 수상·표창
- 2 battle stars
- American Campaign Medal
- 2 Asiatic-Pacific Campaign Medal
- World War Ⅱ Victory Medal
- Navy Occupation Service Medal

◈ Call sign : NPHQ

◈ 일반 제원
- 유형 : LST-1(MK-2), LST(Landing Ship Tank, 전차 상륙함)
- 톤수 : 2,700톤(경화 1,625톤, 만재 4,080톤)
- 길이 : 327피트 9인치(99.9m)
- 폭 : 50피트(15m)
- 추진기 : 671 KW 디젤 엔진 2대, 추진축 2개, 방향타 2개
- 최고속력 : 12노트(시속 22km)
- 항속거리 : 24,000마일(44,000km)/9노트(시속 17km) 항속 때
- 승조원 : 장교 7명, 부사관·병 104명(미 해군 기준)
- 무장·장비 : 40밀리 쌍열포 2문, 40밀리 단열포 4문, 20밀리 단열포 12문, 상륙주정(LCVP) 2대(대한민국에 양도할 때 무장 제거)

부록 3

장사상륙작전 참전용사 명단

◆ LST 문산호 승조원 명단(44명)[144]

이름	직계 (전사 후 직급)	이름	직계 (전사 후 직급)
황재중	선장(기사 4급 10호)	강진규	선원
이성택	선원	안병일	선원
홍세주	선원	정복경	선원
김복득	선원	차창철	선원
김부한	선원	권수헌	선원((기사 4급 10호)
정기홍	선원	한재영	선원
홍기방	선원	고삼용	선원
정정환	선원	김재현	선원
이용룡	선원(기사 4급 10호)	송인수	선원
임명봉	선원	박포용	선원
배중규	선원	김일수	선원(기사 4급 10호)
오명용	선원	이찬석	선원(기사 4급 10호)
김연오	선원	백채기	선원

안수용	선원(기사 4급 10호)	황원	선원
이송웅	선원	정광천	선원
윤구봉	선원	신희○	선원
이치성	선원	한시택	선원(기사 4급 10호)
부동숙	선원(기사 4급 10호)	김옥조	선원
정재성	선원	최덕식	선원
이수용	선원(기사 4급 10호)	박시열	선원(기사 4급 10호)
박성수	선원	황한복	선원
윤은현	선원(기사 4급 10호)	이호탁	선원

---

144) 해군본부는 해본인명정 제145호(1950. 10. 22)로 전사한 선장과 선원에 대해 1950년 9월 1일부로 문관(오늘의 군무원) 기사(技士) 4급 10호봉으로 직급을 부여하고 9월 16일부로 전사자로 처리했음. (해군본부 문서고 소장)

◆ 육군 독립 제1유격대 간부진 명단[145]

(괄호 안은 실제 계급)

- 대대장 : 육군 임시 소장 이명흠(대위)
- 전술고문 : 육군 대령 전성호(대령)
- 참모장 겸 부관 : 육군 임시 대령 백운봉(중위)
- 본부사령 : 육군 임시 소령 조경(소위)
- 인사참모 : 육군 임시 중령 이수희(소위)
- 작전참모 : 육군 임시 중령 김응록(소위)
- 군수참모 : 육군 임시 중령 이태호(소위)
- 정훈부장 : 육군 임시 소령 서상덕(소위)
- 의무부장 : 육군 임시 소령 이봉구(소위)
- 통신부장 : 육군 임시 소령 권찬두(소위)
- 연락관 : 육군 중위 이홍배(중위)
- 제1중대장 : 육군 임시 대령 이영훈(중위)
- 제2중대장 : 육군 임시 대령 문학경(중위)
- 제3중대장 : 육군 임시 대령 이원직(중위)
- 제5중대장 : 육군 임시 대령 오운환(중위)

---

145) 장사상륙참전유격동지회, 『모래톱에 묻힌 충혼』, 장사상륙참전유격동지회, 1995, 45쪽.

◆ 육군 독립 제1유격대 대원 명단[146]
  (군번 순)

이름	군번(재부여 군번)	이름	군번(재부여 군번)
김경환	0365427	김성진	0365428
서성룡	0365429	박원학	0365430(0788102)
이범주	0365431(0788103)	유지춘	0365432(0788104)
김치구	0365433	배병석	0365434(0788105)
박명하	0365435	안윤효	0365436(0788106)
박무호	0365437	문상윤	0365438
고정균	0365439(0788107)	임상일	0365440
백영봉	0365441(0788108)	허경식	0365442(0788109)
김재희	0365443(0788110)	황인갑	0365444(0788111)
박몽인	0365445(0788112)	이규찬	0365446(0188113)
서철환	0365447(0788114)	김영재	0365448
황격일	0365449(0788115)	임욱	0365450
신용수	0365451(0788116)	곽만철	0365452
김재천	0365453	곽주규	0365454(0788117)
신응희	0365455(0788118)	최경식	0365456(0788119)
이기문	0365457(0788120)	오필부	0365458(0788121)
안용수	0365459(0788122)	이세노	0365460
권상철	0365461(0788123)	한원수	0365462(0788124)
박종건	0365463	곽일향	0365464(0788125)
박길선	0365465(0788126)	배수환	0365466(0788127)
김동찬	0365467(0788128)	김동욱	0365468(0788129)
윤태길	0365469(0788130)	한상윤	0365470
박창호	0365471	박해금	0365472(0788131)
김창회	0365473(0788132)	곽재섭	0365474(0788133)
박병천	0365475	김교상	0365476
김동수	0365477(0788134)	한경수	0365478

이름	군번(재부여 군번)	이름	군번(재부여 군번)
윤주병	0365479	황진명	0365480
김정수	0365481(0788135)	이종완	0365482(0788136)
박문성	0365483	표재환	0365484
조기우	0365485(0788137)	최기호	0365486(0788138)
최동희	0365487(0788139)	심재언	0365488(0788140)
이원기	0365489	박환규	0365490(0788141)
서석기	0365491	이태희	0365492(0788142)
장금덕	0365493(0788143)	강광팔	0365494
최재웅	0365495(0788144)	이용선	0365496
김성근	0365497	육용수	0365498(0788145)
권창화	0365499	박부웅	0365500
이영선	0365501(0788146)	박원수	0365502(0788147)
박원목	0365503(0788148)	강창식	0365504
박광호	0365505(0788149)	송익학	0365506
인우윤	0365507(0788150)	조용구	0365508(0788151)
김성조	0365509(0788152)	김부식	0365510
강신우	0365511	김운배	0365512
이상숙	0365513	김을상	0365514
은진표	0365515(0788153)	배용수	0365516
김덕진	0365517(0788154)	김경태	0365518(0788155)
송진달	0365519	황영주	0365520(0788156)
이철규	0365521(0788157)	이성도	0365522(0788158)
박소룡	0365523(0788159)	오병윤	0365524(0788160)
조창길	0365525(0788161)	서돌이	0365526(0788162)
김명환	0365527	김태수	0365528
박연섭	0365529(0788163)	전오순	0365530(0788164)
최장식	0365531(0788165)	김 뇌	0365532(0788166)
윤훈영	0365533(0788167)	윤순영	0365534
이도영	0365535(0788168)	김성회	0365536(0788169)

이름	군번(재부여 군번)	이름	군번(재부여 군번)
박수길	0365537(0788170)	박문태	0365538
이인ㅇ	0365539	전세익	0365540(0788171)
오길석	0365541(0788172)	이춘호	0365542
이병옥	0365543	이현식	0365544
김종수	0365545	사공석	0365546(0788173)
황유길	0365547(0788174)	이종태	0365548
박만수	0365549	이봉춘	0365550(0788175)
김상직	0365551(0788176)	이원흡	0365552(0788177)
이용박	0365553(0788178)	유국근	0365554
김춘식	0365555(0788179)	김용순	0365556
이달조	0365557	여완영	0365558(0788180)
강판수	0365559	이용수	0365560(0788181)
서상금	0365561(0788182)	여기동	0365562
오성택	0365563	김영덕	0365564(0788183)
고우순	0365565	조정환	0365566
박만수	0365567	이대형	0365568(0788184)
윤찬국	0365569	이준세	0365570
강순희	0365571(0788185)	전광시	0365572(0788186)
고 이	0365573(0788187)	안병화	0365574(0788188)
장수영	0365575	장두영	0365576
어시ㅇ	0365577	장병숙	0365578(0788189)
박광선	0365579(0788190)	백판진	0365580
최경수	0365581	정해수	0365582(0788191)
정해룡	0365583(0788192)	장영기	0365584
조종권	0365585(0788193)	백만석	0365586(0788194)
우성득	0365587(0788195)	이호천	0365588(0788196)
김덕규	0365589(0788197)	김우순	0365590(0788198)
현현세	0365591(0788199)	김을룡	0365592(0788200)
손태경	0365593(0788201)	이정섭	0365594(0788202)

이름	군번(재부여 군번)	이름	군번(재부여 군번)
추관호	0365595	박선용	0365596(0788203)
이상호	0365597	천용기	0365598(0788204)
이기동	0365599(0788205)	이규호	0365600
김성암	0365601	백기정	0365602(0788207)
최시환	0365603(0788206)	서학이	0365604(0788208)
민항기	0365605(0788209)	박병연	0365606(0788210)
정상표	0365607(0788211)	김병문	0365608
문덕지	0365609(0788212)	유봉수	0365610
김이봉	0365611(0788213)	윤병탄	0365612(0788214)
김미완	0365613	김호일	0365614(0788215)
박재관	0365615	최영태	0365616(0788216)
남영대	0365617(0788217)	송임옥	0365618
오필준	0365619	김종현	0365620
오봉오	0365621(0788218)	윤동칠	0365622
신효석	0365623(0788219)	도제동	0365624(0788220)
김 익	0365625(0788221)	이재근	0365626(0788222)
김병헌	0365627(0788223)	이종식	0365628(0788224)
문태용	0365629(0788225)	이순철	0365630
김재호	0365631	빈용술	0365632(0788226)
조용극	0365633	배수용	0365634(0788227)
김주수	0365635	추경화	0365636(0788228)
최재명	0365637(0788229)	박용규	0365638
이선구	0365639(0788230)	신영순	0365640(0788231)
윤규진	0365641(0788232)	이국성	0365642
남연욱	0365643(0788233)	이상호	0365644
강운학	0365645(0788234)	조규철	0365646(0788235)
유삼환	0365647	성성영	0365648(0788236)
손태원	0365649(0788237)	최영근	0365650(0788238)
이해식	0365651	권오수	0365652(0788239)

이름	군번(재부여 군번)	이름	군번(재부여 군번)
조원식	0365653(0788240)	이태순	0365654
최재윤	0365655	송갑용	0365656(0788241)
장재화	0365657	이석태	0365658(0788242)
박노석	0365659	이귀락	0365660
김헌식	0365661	강구용	0365662(0788243)
정원근	0365663(0788244)	이종식	0365664
최민식	0365665	강영문	0365666
이복득	0365667	박노영	0365668
박재홍	0365669(0788245)	김문곤	0365670
박제현	0365671(0788246)	김성지	0365672(0788247)
곽녹영	0365673(0788248)	지상문	0365674
채종만	0365675	박변헌	0365676(0788249)
이삼조	0365677(0788250)	강정관	0365678
유병추	0365679	태만택	0365680
장홍구	0365681(0788251)	이동기	0365682
박치복	0365683	송진화	0365684(0788252)
유일남	0365685	최만영	0365686(0788253)
유충락	0365687	김성태	0365688(0788254)
장병호	0365689(0788255)	장명식	0365690
송원금	0365691(0788256)	장창호	0365692
이소롱	0365693(0788257)	이천수	0365694(0788258)
김병기	0365695	최재덕	0365696
황기봉	0365697	박석기	0365698
장봉필	0365699(0788259)	김명세	0365700
김규돈	0365701	조기현	0365702(0788260)
오병연	0365703(0788261)	험소화	0365704
김 종	0365705(0788262)	임웅철	0365706
김태식	0365707(0788263)	최영옥	0365708(0788264)
김판수	0365709(0788265)	진삼구	0365736

이름	군번(재부여 군번)	이름	군번(재부여 군번)
전용모	0365710	박옥곤	0365711
조무현	0365712(0788266)	이상길	0365713
박영래	0365714	정일수	0365715(0788267)
이흥수	0365716(0788268)	손병철	0365717
하정식	0365718	이윤호	0365719(0788269)
배낙현	0365720(0788270)	오화균	0365721(0788271)
한규진	0365722	김용각	0365723
김규영	0365724(0788272)	김창수	0365725
김병홍	0365726(0788273)	김장호	0365727
유종구	0365728(0788274)	최대환	0365729
손옥환	0365730(0788275)	조병언	0365731
변황하	0365732	백인섭	0365733
이윤기	0365734	윤성필	0365735(0788276)
김규범	0365736(0788277)	송구빈	0365737(0788278)
서재두	0365738(0788279)	정병조	0365739
추경영	0365740	김성진	0365741(0788280)
임종진	0365742(0788281)	이철영	0365743
김용권	0365744(0788282)	유일성	0365745
서경옥	0365746(0788283)	지춘성	0365747(0788284)
이종덕	0365748	강필형	0365749(0788285)
곽종환	0365750(0788286)	임산택	0365751
김중현	0365752	조만수	0365753(0788287)
고규혁	0365754(0788288)	김명환	0365755
함기수	0365756(0788289)	손경인	0365757(0788290)
김은선	0365758	이대종	0365759(0788291)
양양연	0365760(0788292)	박동조	0365761
김경환	0365762	원용빈	0365763(0788293)
전화수	0365764(0788294)	이용의	0365765
전종학	0365766(0788295)	김주태	0365767

이름	군번(재부여 군번)	이름	군번(재부여 군번)
김길결	0365768(0788296)	최돈선	0365769
김원일	0365770(0788297)	이기일	0365771
정태화	0365772	김진선	0365773(0788298)
김능숙	0365774(0788299)	장선구	0365775
손상형	0365776(0788300)	정원수	0365777(0788301)
오필회	0365778	박장원	0365779
차종열	0365780(0788302)	박희준	0365781
손현수	0365782(0788303)	김상태	0365783
이윤환	0365784	김성일	0365785
채동희	0365786(0788304)	강문호	0365787
이연식	0365788	이성점	0365789
김홍달	0365790	최상철	0365791(0788305)
김희선	0365792	문무승	0365793
최원주	0365794	홍순은	0365795(0788306)
박영서	0365796	배태식	0365797(0788307)
강성규	0365798(0788308)	구진회	0365799(0788309)
신태구	0365800(0788310)	김윤곤	0365801(0788311)
박심규	0365802(0788312)	황운섭	0365803(0788313)
배병화	0365804	이용학	0365805(0788314)
박칠용	0365806	신정식	0365807(0788315)
이원단	0365808	공영재	0365809
최곤윤	0365810	최곤재	0365811(0788316)
변판룡	0365812(0788317)	유수설	0365813(0788318)
김해운	0365814(0788319)	황병칠	0365815
김주병	0365816(0788320)	강상태	0365817
이종봉	0365818	최천수	0365819
이정혁	0365820(0788321)	김관봉	0365821(0788322)
오순덕	0365822	민경ㅇ	0365823
신두택	0365824(0788323)	이동균	0365825

이름	군번(재부여 군번)	이름	군번(재부여 군번)
윤필희	0365826(0788324)	박만모	0365827
김창수	0365828(0788325)	김영문	0365829(0788326)
이천우	0365830	김인겸	0365831
강영구	0365832	김일평	0365833
손보영	0365834(0788327)	이종락	0365835
신덕균	0365836	이원희	0365837
변기수	0365838(0788328)	강칠용	0365839
최인애	0365840(0788329)	배주호	0365841
이상옥	0365842	임재규	0365843
조갑용	0365844	배영문	0365845
김조식	0365846	나내화	0365847
박지수	0365848	장수영	0365849
김종대	0365850	송정만	0365851
서윤수	0365852	금익남	0365853
권오규	0365854	조정원	0365855
백선용	0365856	안성종	0365857(0788330)
강희ㅇ	0365858	하재문	0365859
최경환	0365860	조성곤	0365861
김인식	0365862	오팔균	0365863
최화순	0365864	이장래	0365865
김봉순	0365866	송원춘	0365867
서성환	0365868	오순정	0365869
신현석	0365870	고희주	0365871
배수용	0365872	김주수	0365873
임경화	0365874	황병도	0365875
조용극	0365876	빈용술	0365877
황용이	0365878	박용규	0365879
박성호	0365880	최재명	0365881(0788331)
김용수	0365882	장낙수	0365883

이름	군번(재부여 군번)	이름	군번(재부여 군번)
장규환	0365884	김수권	0365885
박두병	0365886	오태경	0365887
이창세	0365888	노승무	0365889
김호순	0365890	박중수	0365891
이태진	0365892	이재환	0365893
장시석	0365894	박해황	0365895(0788332)
박정규	0365896	이재우	0365897
김만술	0365898	정금표	0365899
김현수	0365900	남해억	0365901
조 택	0365902	박기효	0365903
이원우	0365904	이상열	0365905
최종식	0365906	임상섭	0365907
곽상규	0365908	장승운	0365909
김동배	0365910	장영록	0365911(0788333)
이소룡	0365912	고기화	0365913
김 철	0365914	서천태	0365915(0788334)
김경곤	0365916(0788335)	우재갑	0365917
박방석	0365918	손태석	0365919
오원길	0365920	정동섭	0365921
이호병	0365922	구자형	0365923
권학진	0365924	백윤기	0365925(0788336)
김만식	0365926	임일석	0365927
윤춘주	0365928	방파운	0365929
서성득	0365930	김명순	0365931
김만석	0365932	이성근	0365933
박재수	0365934	김인수	0365935
문유승	0365936	김대석	0365937
홍우석	0365938	김상윤	0365939
이기태	0365940	이종원	0365941

이름	군번(재부여 군번)	이름	군번(재부여 군번)
곽병래	0365942	손성주	0365943
이욱세	0365944	이만연	0365945
김영근	0365946(0788337)	허 욱	0365947
노태덕	0365948	이인행	0365949
안병인	0365950	백근세	0365951
김규석	0365952	이영우	0365953
김영조	0365954	배상길	0365955
이재인	0365956	박병의	0365957
서주호	0365958	안태경	0365959
김태순	0365960(0788339)	서덕수	0365961
정문식	0365962	하상호	0365963
이종진	0365964	이두환	0365965
노태조	0365966	김종현	0365967
김철규	0365968	윤옥동	0365969
김우식	0365970	김덕규	0365971
김원확	0365972	강대봉	0365973
정한수	0365974	송호상	0365975
신희도	0365976	문재토	0365977
양봉방	0365978	배호근	0365979
안경보	0365980	김정구	0365981
안만호	0365982	이의구	0365983
심재익	0365984	이홍렬	0365985
이창규	0365986	양남희	0365987
이관희	0365988	김정환	0365989
최종국	0365990(0788340)	정종근	0365991
탁장호	0365992	주호동	0365993(0788341)
신일순	0365994	윤재욱	0365995
구영서	0365996	박동인	0365997
성종식	0365998	이동합	0365999

이름	군번(재부여 군번)	이름	군번(재부여 군번)
김재섭	0366000	정호일	0366001
김석래	0366002	황하섭	0366003
함성용	0366004	홍순용	0366005
김종석	0366006	김문조	0366007
이상백	0366008	한만수	0366009
최동식	0366010(0788342)	김재술	0366011
김재한	0366012	송용철	0366013
손영근	0366014	옥장호	0366015(0788343)
박우홍	0366016	박동주	0366017
이상도	0366018	김윤근	0366019
서판구	0366020	이원용	0366021
김성학	0366022	박정돈	0366023
최용학	0366024(0788344)	정달원	0366025
김경태	0366026	ㅇ종환	0366027
백찬규	0366028	도용회	0366029
오성두	0366030	김영석	0366031
이종선	0366032	최관기	0366033
김욱일	0366034(0788345)	최인국	0366035
김원조	0366036(0788346)	박덕룡	0366037
박병태	0366038	성태범	0366039
김득하	0366040	김 일	0366041
신수선	0366042(0788347)	한준용	0366043
김용근	0366044	김만수	0366045
박성환	0366046	은영오	0366047
김해운	0366048	서영오	0366049
이동순	0366050	김종렬	0366051
정재혁	0366052	심상규	0366053
천영길	0366054	김연옥	0366055
김인필	0366056(0788348)	신한식	0366057

이름	군번(재부여 군번)	이름	군번(재부여 군번)
김철상	0366058	여임동	0366059(0788349)
신상하	0366060	허수인	0366061
손연경	0366062	천재호	0366063
정태선	0366064	이우녕	0366065
손병기	0366066	김영ㅇ	0366066
최윤석	0366067	최한석	0366068
서상우	0366069	서상수	0366070
김윤화	0366071	이진희	0366072
이건서	0366073	김택조	0366074
송용철	0366075	김계동	0366076
이인수	0366077	하종원	0366078
한명수	0366079	김광수	0366080
이우진	0366081	박기대	0366082(0788350)
이강복	0366083	조봉근	0366084
김창규	0366085	홍판수	0366086
박성근	0366087	김일조	0366088
ㅇㅇㅇ	0366089	조영래	0366090
허만영	0366091	성갑식	0366092
김태우	0366093	김말용	0366094
이구기	0366095	윤경호	0366096
박상윤	0366097	이재헌	0366098
김규환	0366099(0788351)	장원표	0366100
곽동규	0366101	이영식	0366102
장영두	0366103	서인득	0366104
장성태	0366105	김진건	0366106
신동일	0366107	이상수	0366108
정운태	0366109	이산호	0366110
홍용기	0366111	김종렬	0366112
남영서	0366113	오창순	0366114

이름	군번(재부여 군번)	이름	군번(재부여 군번)
조영섭	0366115	곽장규	0366116
백낙원	0366117	조규운	0366118
이창우	0366119	이학수	0366120
손기탁	0366121	안기수	0366122
오달식	0366123	이종목	0366124
조갑출	0366125	이철규	0366126
김창호	0366127(0788352)	이삼룡	0366128
김경만	0366129	전기수	0366130
배상호	0366131	홍승헌	0366132
권영관	0366133	박희식	0366134
김학식	0366135	김학용	0366136
이택환	0366137	최일식	0366138
이석준	0366139	이장우	0366140
은희원	0366141	이용구	0366142

---

146) 장사상륙참전유격동지회, 『모래톱에 묻힌 충혼』, 장사상륙참전유격동지회, 1995, 146-158쪽.

부록 4
장사상륙작전 및 참전용사에 대한 현양

1. 1954년 : 장사 해안에 좌초된 LST 문산호 탐방

〈갑판 위에서 해안가를 바라보는 최영옥 대원〉

2. 1960년 10월 31일 : 인천상륙작전을 성공적으로 이끈 유엔군 사령관 맥아더 장군이 장사상륙작전에 참전한 한국의 772 유격 동지회 이종훈 회장에게 친서 발송

> 90 CHURCH STREET, ROOM 1303
> NEW YORK 7, NEW YORK
>
> 31 October 1960
>
> Dear Chairman Lee Jong Hoon:
>
> I was delighted to receive your letter of recent date telling of the formation of the 772 Volunteer Comrades Club. The operation they performed in support of the Inchon Landing was a brilliant one and worthy of the highest commendation. The valor and sacrifice of its members will always be a shining example for the youth of Korea. Please extend to its members my heartiest greetings and affectionate regards. I shall always remember them as loyal and devoted comrades-in-arms.
>
> With best wishes,
>
> Most sincerely,
>
> DOUGLAS MacARTHUR.
>
> Mr. Lee Jong Hoon, Chairman,
> 772 Volunteer Comrades Club,
> No. 8, 2nd Street, Hae Hyun-dong,
> Choong-Pu, Seoul, Korea.

3. 1980년 7월 14일 : 장사상륙작전참전 유격동지회 결성, 매년 9월 14일 장사상륙작전 전몰용사위령제 봉행

〈제33회 장사상륙작전 전몰용사합동위령제, 2012년 9월 14일〉

4. 1991년 6월 18일 : 포항문화방송사에서 '모래톱에 새겨진 충혼' 다큐멘터리 방영

5. 1991년 9월 14일 : 양평 청운사 석일산 스님의 도움을 받아 장사 해안에 장사상륙전 전몰용사위령탑 건립, 이날 포항문화 방송사에서 맥아더 장군 친서를 새긴 비석 설치

6. 1995년 9월 14일 : 장사상륙참전 유격동지회에서 『모래톱에 묻힌 충혼』 책자 발간

7. 1997년 3월 6일 : 한국해병대에 의해 '문산호' 선체 발견

8. 2013년 3월 18일 : 영덕군 남정면 장사리 74-1번지(장사 해수욕장 일대)에서 장사상륙작전전승기념공원 조성사업 기공식 거행

9. 2015년 5월 3일 : 제작한 LST 문산호 모형 장사 해안 도착
  * 제작 기간 : 1년 4개월

10. 2015년 12월 3일 : LST 문산호 전사 선원 명단 발굴
* PC-701함(백두산) 갑판사관을 역임한 최영섭(예비역 대령)과 해군본부 역사기록관리단 임성채 군사편찬과장(예비역 대령)이 2012년 6월 25일부터 문산호 전사자 명단을 찾기 시작하여 2015년 12월 3일 해군역사기록관리단 문서고에서 명단 발견.

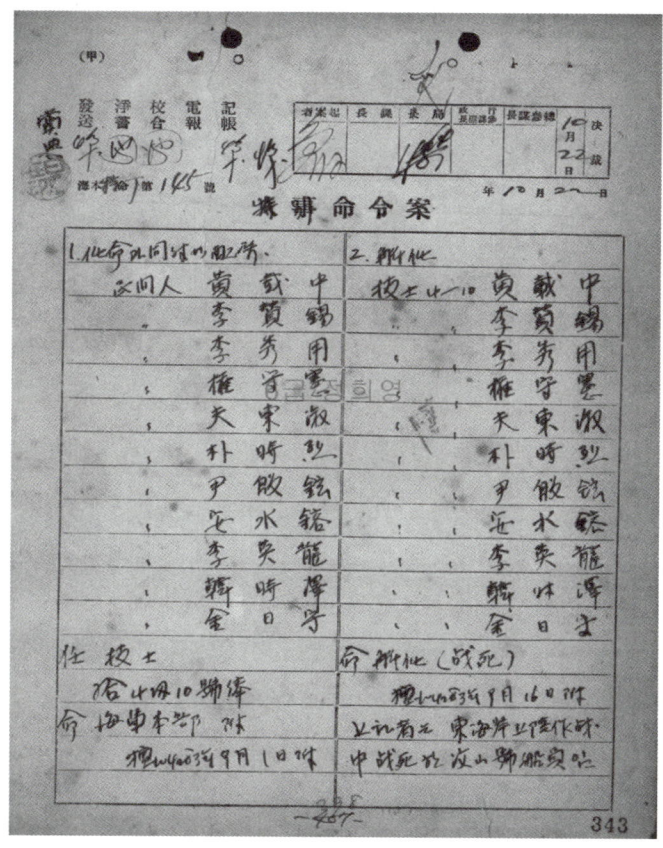

부록4 - 장사상륙작전 및 참전용사에 대한 현양 | 165

11. 2016년 9월 12일 : 해군예산으로 부산 영도구 동삼동에 있는 순직선원위령탑 인근에 '문산호전사자기념비' 건립
   * 기념비 규모 : 가로 1.35m, 세로 0.6m, 높이 1.45m

12. 2018년 6월 25일 : 전사한 황재중 문산호 선장에게 충무무공 훈장 추서. 제주기지에 정박한 이지스 구축함 세종대왕함에서 황재중 선장의 외손녀 고양자에게 훈장 전달.

13. 2019년 6월 27일 : 전사한 문산호 선원 10명에 대해 화랑무공훈장 추서. 심승섭 해군참모총장이 계룡대 소연병장에서 전사 선원 유가족들에게 훈장 전달

 * 전사자 선원 : 이찬석, 이수용, 권수현, 부동숙, 박시열, 윤은현, 안수용, 이영룡, 한시택, 김일수

14. 2019년 9월 25일~10월 22일 : 영화 '장사리, 잊혀진 영웅들' 방영

15. 2020년 9월 5일 : '장사상륙작전참전 유격동지회'를 '장사상륙작전기념사업회'로 명칭 변경

16. 2020년 10월 20일 : 학도병 772 결사유격대 유병추(장사상륙작전기념사업회 회장), 장사상륙작전 헌신전공자로서 미국합중국육군국립박물관 와비(臥碑)에 등명(登銘)

Certificate of Dedication

In recognition of your commitment and dedicated support of the United States Army, this certifies by vote of the Board of Directors that the inscription below will forever be recognized on a commemorative brick at the National Museum of the United States Army. Your unselfish generosity is herein acknowledged as vitally important to a new national landmark that will pay tribute to the American Soldier in war and peace.

Inscription

**KW VET RYU BYUNGCHU
UNPIK AU8240 STU 772
JANGSA BATTLE KOREA**

BG Creighton W. Abrams, Jr. USA-Ret.
Executive Director

GEN Gordon S. Sullivan, USA-Ret.
President

유병추 회장의 고등학교
학도호국단 중대장 사진

17. 2020년 11월 16일 : 경북 영덕군 장사상륙작전 전승기념공원에서 장사상륙작전기념관 준공식 거행

  * 기념관 규모 : 2천 톤급 LST 문산호 모형, 길이 90m, 폭 30m, 높이 26m, 총면적 4,881m², 제작비 324억 원

18. 2022년 6월 23일 : SBS에서 '작전명령 174호, 돌아오지 못한 소년들'이라는 제하로 방영

19. 2022년 9월 : 국가보훈처에서 문산호를 '9월의 6·25전쟁 영웅' 선정, 현양

참고문헌

참고문헌

- 강정관, 『학도병 회고(장사상륙작전 외)』, 2014.

- 국가기록원 기록물 513538, "작전명령 제174호", 경남 부산.

- 국방부 군사편찬연구소, 『6·25전쟁사』 제3권, 국방부, 2006.

- 국방부 군사편찬연구소, 『6·25전쟁사』 제4권, 국방부, 2008.

- 국방부 군사편찬연구소, 『6·25전쟁 학도의용군 연구』, 국방부, 2012.

- 미국 국립문서기록보관청(NARA), "인민군 포스터". 미국 워싱턴 D. C.

- 미국 해군 역사·유물사령부, "중순양함 헬레나함 등 미국 군함 사진", 미국 워싱턴 D. C, 미국 해군본부.

- 박종상, 『6·25전쟁 시 상륙작전』, 국방부 군사편찬연구소, 2023.

- 박중수, 『학도병 회고(장사상륙작전 외)』, 2014.

- 배수용, 『학도병 회고(장사상륙작전 외)』, 2014.

- 오진근·임성채 공저, 『손원일 제독』, 한국해양전략연구소, 2006.

- 유병추 증언, 2024년 5월 17일.

- 육군 군사연구실, 『학도의용군』, 육군본부, 1994.

- 이규호 증언, 2024년 5월 21일.

- 이기일 인터뷰, 경인일보 조경욱 기자, 2025년 6월 22일.

- 임성채, 『6·25전쟁과 한·미 해군작전』 상권, 해군역사기록관리단, 2020.

- 장사상륙참전유격동지회, 『모래톱에 묻힌 충혼』, 장사상륙참전유격동지회, 1995.

- 조성훈, 『한국전쟁의 유격전사』, 국방부 군사편찬연구소, 2003.

- 최영섭, 『바다를 품은 백두산』, Freedom and Wisdom, 2021.

- 최영섭, 『6·25 바다의 전우들』 "서남해안 경비작전과 여수철수작전", 세창미디어, 2013.

- 해군본부 전사편찬관실, 『작전경과보고서』 제1권, 해군본부. 1950.

- 해군본부 전사편찬관실, 『대한민국 해군사』 작전편 제1집, 해군본부. 1954.

- 해군사관학교, 『해군사관학교 50년사』, 해군사관학교, 1996.

- 해군역사기록관리단, 『6·25전쟁과 한국해군작전』, 해군본부, 2010.

- 해군역사기록관리단, "문산호 선원 전사자 인사명령", 해군본부, 1950.

- Ed. Evanhoe, 《Dark Moon : Eighth Army Special Operations in the Korean War 》, Annapolis, Naval Institute press, 1955.

- James A. Field, Jr., 《History of United States Naval Operations, Korea》, 1962.

- James F. Schnabel and Robert J. Watson, 《The History of the Joint Chief : The Joint Chiefs of Staff and National Policy, The Korean War》 vol. Ⅲ, Part Ⅰ, Historical Division Joint Secretariat JCS, 1978.

- Malcolm W. Cagle and Frank A. Manson, 《The Sea War in Korea》, Annapolis, Maryland United States Naval Institute, 1957.

- United States Naval Institute, 《War Diary of ROK Navy and Commander Naval Forces South Korea》, Annapolis, Naval Institute, 1950-1953.

- Walter Karig, Malcolm W. Cagle and Frank A. Manson, 《Battle Report : The War in Korea》, New York, Rinehart, 1952.

찾아보기

찾아보기

ㄱ

가평작전 _ 134

강문봉 _ 41, 42, 47, 51, 52, 129, 130

강정관 _ 45

게이(Hobart Gay) _ 22

계성고등학교 _ 45

고규혁 _ 119

구잠함 _ 35, 37

구포역 _ 130, 131

국군 제1군단 _ 24

국군 제2군단 _ 34

국군 제3사단 _ 25, 73

그리스 _ 17

김무정 _ 51

김상모 _ 115

김영재 _ 93

김형봉 _ 105, 118

ㄴ

남아프리카공화국 _ 17

네덜란드 _ 17

뉴질랜드 _ 17

ㄷ

대적공작대장(對敵工作隊長) _ 41

덕두국민학교 _ 130

도일함(Doyle, DMS 34) _ 102, 113

독석리 _ 73, 113

동해안전대(TG 95.2) _ 35, 105, 107, 115

드 헤이븐함(De Haven, DD 727) _ 21

딘(William F. Dean) _ 23

ㄹ

라슨(Harold O. Larson) _ 107

라이트(Edwin K. Wright) _ 18, 30, 125

램프(ramp) _ 75, 82,

로이(Charles Roy) _ 84

루시(Michael J. Luosey) _ 25, 83,

룩셈부르크 _ 17

ㅁ

매독스함(Maddox, DD 731) _ 33, 113

맥아더(Douglas MacArthur) _ 17, 18, 19, 20, 21, 22, 25,
30, 31, 58, 84, 125, 131

몽 칼름 _ 20

무초(John J. Muccio) _ 17, 18, 22

문기완 _ 115

문산호 _ 51, 56, 57, 59, 60, 61, 65, 66, 67, 71, 74, 76,
77, 78, 83, 84, 89, 90, 95, 101, 104, 105, 108,
109, 113, 114, 116, 119, 120, 121, 122, 123, 124

미 육군 제1레이더스 중대 _ 32

미조리함(Missouri, BB 63) _ 33, 102

미 제1군단 _ 26

미 제1기병사단 _ 22

미 제1임시해병여단 _ 26, 35

미 제1해병사단 _ 26

미 제2사단 _ 26

미 제5해병연대 _ 26, 32, 125

미 제5해병연대 제2대대 _ 125

미 제7사단 _ 26

미 제8군 _ 22, 30, 31

미 제10군단 _ 34, 26

미 제24사단 _ 22, 23

미 제25사단 _ 22, 24

밀번(Frank W. Milburn) _ 26

밀양 _ 45, 46, 47

ㅂ

바(David G. Barr) _ 26

박광호 _ 81

박래호 _ 115

박영선 _ 57

박중수 _ 120

박창암 _ 47

방원철 _ 41

배수용 _ 78

백운봉 _ 129

밸러스트 탱크(ballast tank) _ 66, 71, 77

벨기에 _ 17

볼스터함(Bolster, ARS-38) _ 101, 113, 115

부흥동 _ 73

북한군 제12사단 _ 25

북한군 제15사단

북한군 제2군단 _ 34, 51

북한군 제5사단 _ 25, 34

북한군 제6사단 _ 24, 35

북한군 제7사단

북한군 제8사단

브래들리(Omar N. Bradley) _ 30

브러시함(Brush, DD 745) _ 33, 102, 113, 120

ㅅ

서경연 _ 115

서동연 _ 115

서인 _ 115

성태석 _ 115

셔먼(Forrest P. Sherman) _ 30, 31

손원일 _ 83

수도사단 _ 24, 25

수원비행장 _ 17

스미스(Oliver P. Smith) _ 22, 23

스미스 부대(Task Force Smith) _ 22

스윈번(Harry W. Swineburne) _ 106, 114

스텔터(Frederick Carl Stelter) _ 107

스트러블(Arthur D. Struble) _ 58

스트레이트메이어(George E. Stratemeyer) _ 18

스피어(Frank Spier) _ 84, 113, 114, 116

신두범 _ 115

신태식 _ 45

ㅇ

알몬드(Edward M. Almond) _ 18, 19, 85

야크(Yak) _ 21

양동작전 _ 31

양평

양평국민학교 _ 132

에티오피아 _ 17

엔디코트함(Endicot, DMS-35) _ 38, 65, 78, 79, 99, 113, 114

엘리(Louis Eli) _ 32

영국 _ 17, 19, 20, 21, 32, 35, 59

영덕 _ 24, 25, 34, 37, 51, 54, 60, 71, 72, 73, 93

오스트레일리아 _ 21

오음산 _ 132, 133

오창순 _ 48

워커(Walton H. Walker) _ 22, 24, 125

윌로비(Charles A. Willoughby) _ 18

용문산 _ 132

유병추 _ 8, 46, 61, 80, 134, 170

유재흥 _ 134

이규호 _ 79, 81, 82, 89, 90, 93, 94, 117, 119, 120, 131, 134,

이기일 _ 80, 81

이명흠 _ 41, 42, 43, 46, 47, 51, 54, 55, 56, 60, 65, 60, 65, 66, 75, 76, 78, 83, 90, 91, 92, 93, 100, 103, 104, 105, 106, 107, 108, 118, 127, 129, 130, 134

이선근 _ 41

이승만 _ 17, 18, 22

이영훈 _ 89, 91

이원직 _ 132

인천상륙작전 _ 19, 25, 26, 31, 34, 37, 51, 56, 58, 59, 83, 124, 125, 129, 131,

ㅈ

자메이카함(Jamaica) _ 32

작전명령 제174호 _ 52

장사동 _ 25, 36, 37, 51, 54, 55, 61, 72, 73, 90, 91, 92, 94, 99, 108, 117, 120

장사상륙작전 _ 29, 129

전성호 _ 57, 74, 75, 78

정일권 _ 41, 56, 129

제임스 울프 _ 19

제1유격대대 _ 36, 37, 38, 46, 47, 124, 129, 131, 134,

제107전차연대 _ 23

제41코만도 _ 32

제52포병대대 _ 23

제7합동부대(JTF 7) _ 58

제766부대 _ 24, 25, 34

조종익 _ 107

조이(Charles Turner Joy) _ 21

조치원호 _ 25, 105, 107, 113, 115, 116, 117, 118, 119, 120, 121, 129, 130,

졸리(John C. Jolly) _ 38, 65, 99

주노함(Juneau, CLAA 119) _ 21

지경동 _ 73

ㅊ

처치(John H. Church) _ 18, 23

청하 _ 25,

최영섭 _ 8, 165

최윤동 _ 46

최재명 _ 60

ㅋ

카이저(Laurence B. Keiser) _ 26

캐나다 _ 17, 20

콜롬비아 _ 17

콜린스(J. Lawton Collins) _ 30, 31

쿠퍼(Frederick D. Cooper) _ 38, 57, 83, 99, 114, 120

퀘벡전투 _ 19, 20

크레이그(Edward A. Craig) _ 26

크로마이트 작전(Operation Chromite) _ 30, 31

킨(William B. Kean) _ 24

킨 부대(Task Force Kean) _ 24

ㅌ

태국 _ 17

태풍 제인(Jane) _ 58

태풍 케지아(Kezia) _ 58

태플리트(R. D Taplet) _ 84

터키 _ 17

토마스함(Thomas E. Fraser, DM 24) _ 113

트루먼(Harry S. Truman) _ 17, 21

ㅍ

프랑스 _ 17, 20

피카웨이함(Picaway, APA 222) _ 83

필리핀 _ 16, 17

ㅎ

하트만(Charles C. Hartman) _ 35, 99, 100, 101, 106, 107, 108, 113, 114

한국해병대 _ 35, 83, 125

한국해병대 제2대대 _ 125

합동전략기획작전단(JSPOG) _ 30

해군사관학교 _ 115

해리슨(William S. Harrison) _ 37, 38, 57, 74, 79, 114, 120, 124

해본작명갑 제145호 _ 84

해본작명갑 제151호 _ 105

헬레나함(Helena, CA 75) _ 33, 100, 102, 106, 107, 108, 109, 114, 120,

헬리콥터(Sikorsky HO3S-1) _ 105, 106, 108, 109, 114

화이트샌드 베이함(Whitesand Bay) _ 32

화천발전소 _ 133

홍천 _ 132, 133,

황재중 _ 65, 57, 66, 75, 122

휘트니(Courtney Whitney) _ 18
희망리 농업중학교 _ 132
히긴스(Marguerite Higgins) _ 18
히빙라인(heaving line) _ 76

100-A(군산) _ 31
100-B(인천) _ 30, 31,
100-C(군산) _ 30, 31
100-D(주문진) _ 30, 31
bow door _ 67, 75
JMS-304정(태백산) _ 84, 95
LT-1함(인왕) _ 84, 95, 101
LT-636함 _ 84, 95, 101, 113, 115, 116, 117
PC-701함(백두산) _ 32
PC함 _ 35
UP-24 _ 106